5

INGREDIENTES

COCINA BAJA EN CALORÍAS

Título original
Just 5 Ingredients: Low Calorie

Traducción
Carla Torras Serlavós

Fotografía de la cubierta: Octopus Publishign Group/Ian Wallace
Contracubierta, izquierda: Jonathan Kennedy; derecha: Lis Parsons

La edición original de esta obra ha sido publicada en Gran Bretaña
en 2015 por Hamlyn, sello editorial de Octopus Publishing Group Ltd,
Carmelite House, 50 Victoria Embankment, London, ECY4 0DZ.

Av. Diagonal, 402 - 08037 Barcelona
www.cincotintas.com

ISBN 978-84-16407-00-2

Impreso en China
Código IBIC: WBH

En todas las recetas se han empleado las medidas estándar
del contenido de las cucharas:
1 cucharada = 15 ml
1 cucharadita = 5 ml

Si no se indica lo contrario, los huevos deberían ser de tamaño mediano. Este libro contiene platos elaborados con huevo crudo o poco cocido. Se recomienda a las personas más vulnerables, como mujeres embarazadas o lactantes, enfermos, ancianos, bebés y niños, que eviten los platos elaborados con huevos crudos o poco cocidos. Una vez preparados, estos platos deberían refrigerarse y consumirse lo antes posible.

Si no se indica lo contrario, la leche debería ser entera.

Los hornos deben precalentarse a la temperatura especificada. Si se utiliza un horno con ventilador, siga las instrucciones del fabricante para ajustar el tiempo y la temperatura.

Todas las instrucciones para microondas están basadas en microondas de 650 vatios. Si utiliza uno de diferente potencia, siga las instrucciones del fabricante.

Este libro incluye platos hechos con frutos secos y sus derivados. Se recomienda a las personas susceptibles de sufrir reacciones alérgicas, y a aquellas potencialmente vulnerables a estas alergias, como mujeres embarazadas y lactantes, enfermos, ancianos, bebés y niños, que eviten consumir platos elaborados con frutos secos y sus aceites.

5 INGREDIENTES

COCINA BAJA EN CALORÍAS

SIMPLIFIQUE SU VIDA CON MÁS DE 100 RECETAS DE TAN SÓLO 5 INGREDIENTES O MENOS

5tintas

CONTENIDO

INTRODUCCIÓN

Las recetas de este libro han sido escogidas no sólo por su sencillez y por ser riquísimas, sino también porque se preparan solamente con 5 ingredientes principales o menos.

Un enfoque culinario basado en 5 ingredientes le ayudará a crear un repertorio de platos rápidos, fáciles y versátiles que, además de ser económicos y sabrosos, requieren poca compra y preparación. Aprenderá a dominar algunas recetas básicas en un tiempo récord y se dará cuenta de que cocinar es un proceso satisfactorio y motivador.

Esto le facilitará la vida de tres maneras. Primero, porque al ser recetas básicas, su preparación es menos compleja, cosa que le ahorrará tiempo. Segundo, verá que comprar es más sencillo. ¿Cuánto tiempo quiere pasarse deambulando por el supermercado buscando algo para cocinar? Y tercero, su bolsillo se lo agradecerá. El enfoque basado en 5 ingredientes no le obligará a tener la nevera llena de envases de ingredientes poco usuales por terminar que han sobrado de otras comidas.

A diferencia de otros libros con el mismo enfoque, éste no le exigirá abastecerse de cientos de extras. Con esta recopilación sólo tendrá que acordarse de tener 10 ingredientes en la despensa, tan básicos, sencillos y fáciles de recordar que seguro que ya los tendrá a mano.

Empiece comprando, si no los tiene, los 10 alimentos básicos de su despensa (p. 11). Asegúrese de que tiene siempre al menos unos cuantos, así estará a sólo 5 ingredientes de una comida decente.

Después, escoja una receta que encaje con el tiempo que tiene para cocinar, sus fuerzas y su humor. Mire en la lista qué ingredientes de la despensa tiene que usar. Los 5 ingredientes clave que necesitará para completar el plato están numerados de manera clara.

Una de las mejores formas de no gastar mucho es evitar la cara comida precocinada. En su lugar, compre alimentos básicos como verduras, arroz, pasta, pescado y pollo, y base sus platos en estos ingredientes. También debería evitar comprar lo que no va a consumir y tendrá que acabar tirando. Compre alimentos duraderos y planifique según su fecha de caducidad. Si tiene congelador, congele las sobras para otro día.

Organice sus menús semanales de modo que sólo tenga que ir a comprar una vez. Cuando haya adquirido este hábito, los ingredientes para cada comida estarán esperando cuando los necesite. Compre a granel para conseguir los mejores precios. Tómese su tiempo para comprar y comparar precios en el supermercado más cercano, en supermercados online, en las tiendas de barrio y en los puestos de mercado para ver cuáles son los más baratos. Compre, sobre todo, fruta y verdura de temporada. Los productos de temporada son más económicos que los productos exóticos importados de otros países y, además, favorecen el consumo de proximidad. Finalmente, no piense ni un segundo en gastarse dinero en una oferta del supermercado a menos que sea un producto que vaya a utilizar. Tres latas de sardinas en escabeche al precio de una son una buena oferta siempre y cuando se las vaya a comer.

Este libro ofrece una amplia variedad de deliciosas recetas bajas en calorías y muy sabrosas. Cada receta muestra el cálculo de calorías por ración, así sabrá exactamente qué está comiendo. Están pensadas para preparar comidas nutritivas y sabrosas y no para dietas ultraadelgazantes, de modo que le ayudarán a mantener su nuevo y sano plan de alimentación de por vida. Tienen que formar parte de una dieta equilibrada en la que los pasteles y los postres sean sólo caprichos ocasionales.

Como todos sabemos, una de las principales causas de obesidad es la ingesta excesiva de calorías. La mayoría de nutricionistas, basados en el estilo de vida relativamente inactivo que llevamos en la actualidad, recomiendan un consumo de alrededor de 2.000 calorías (kcal) al día para mujeres y de alrededor de 2.500 para hombres. Para una mujer que trata de perder algo de peso, el objetivo es reducir este consumo diario a 1.500 kcal y fijarlo después en las 2.000 kcal al día para mantener su nuevo peso corporal. El ejercicio físico no sólo nos ayuda a controlar el peso; también contribuye a reducir nuestro apetito y tiene efectos beneficiosos para el corazón y la sangre, que ayudan a prevenir enfermedades cardiovasculares. Como referencia general, los adultos deberían practicar ejercicio de intensidad moderada, como andar a paso ligero, al menos 30 minutos al día, cinco veces por semana. No es necesario que los 30 minutos sean de una vez: tres sesiones de 10 minutos al día son igualmente beneficiosas. Los niños y jóvenes deberían dedicar al menos 60 minutos al día a realizar ejercicio de intensidad moderada.

Recuerde

Coma más fruta y verdura, como mínimo cinco porciones diferentes al día (excluyendo las patatas). Coma menos alimentos azucarados y detecte los azúcares ocultos. Así reducirá su consumo de grasa. La mayoría de productos lácteos tienen su versión baja en calorías, como la leche, los quesos, la crema fresca, los yogures e incluso la nata y la mantequilla. Escoja cortes de carne magra como el lomo de cerdo en vez de la panceta y pechugas de pollo en vez de muslos. Corte toda la grasa visible de la carne antes de cocinarla y evite los fritos; en su lugar, cocine a la parrilla o al horno. El pescado es ya de por sí bajo en grasa y con él pueden hacerse platos realmente buenos.

¡Buen provecho!

ORGANIZADOR SEMANAL

SUPERALIMENTOS

LUNES
Batido de nueces y plátano (p. 34)

MARTES
Ensalada tibia de berenjena (p. 38)

MIÉRCOLES
Calamares con coco y limón (p. 152)

JUEVES
Frittata de espinacas y ricota (p. 114)

VIERNES
Sardinas al estilo marroquí (p. 144)

SÁBADO
Pollo con citronela (p. 116)

DESPENSA 10

Los únicos extras que necesitará:

1 Azúcares
2 Harinas
3 Aceites y vinagres
4 Levadura en polvo
5 Sal
6 Pimienta
7 Caldos
8 Cebolla
9 Ajo
10 Limón y zumo de limón

DOMINGO
Trucha con pesto (p. 110)

LISTA DE LA COMPRA

- 10-12 calamarcitos, unos 375 g incluidos los tentáculos
- 12 sardinas
- 12 muslos de pollo grandes
- 4 filetes de trucha o salmón, de unos 200 g cada uno
- 2 cucharadas de alcaparras
- 400 g garrofones cocidos
- 2 cucharadas de *harissa*
- 2 cucharadas de pasta de curry medio picante
- 1 naranja
- 1 plátano
- 25 g de frutos secos (nueces y avellanas)
- 2 berenjenas
- 4 tomates
- 6 limas
- 3 guindillas rojas
- 1 trozo de raíz fresca de jengibre de 2,5 cm
- 100 g de coco recién rallado
- 200 g de hojas de espinacas baby
- 6 cucharadas de citronela picada
- 1 tallo de citronela
- ensalada
- 4 cucharadas de perejil picado
- cilantro picado
- un puñado grande de albahaca
- 150 ml de leche desnatada
- 150 g de yogur natural
- 4 huevos
- 50 g de queso ricota
- 50 g de queso parmesano

ORGANIZADOR SEMANAL

DETOX

LUNES
Ensalada de alubias *borlotti* y atún (p. 56)

MARTES
Pinchos de pollo y verduras (p. 76)

MIÉRCOLES
Sopa de boniato y col (p. 84)

JUEVES
Cigalas con tamarindo y lima (p. 86)

VIERNES
Ensalada de atún a la plancha (p. 106)

SÁBADO
Paquetitos de pescado, guindilla y cilantro (p. 128)

DESPENSA 10

Los únicos extras que necesitará:

1 Azúcares
2 Harinas
3 Aceites y vinagres
4 Levadura en polvo
5 Sal
6 Pimienta
7 Caldos
8 Cebolla
9 Ajo
10 Limón y zumo de limón

DOMINGO
Pollo al limón bajo en grasas (p. 148)

LISTA DE LA COMPRA

- 4 contramuslos de pollo
- 4 lonchas de lomo de beicon magro
- 1 kg de cigalas grandes crudas sin pelar
- 500 g de pechugas de pollo deshuesadas y sin piel
- 125 g de bacalao, abadejo o merluza
- 4 filetes de atún fresco, de unos 175 g cada uno
- 400 g de alubias *borlotti*
- 200 g de atún en aceite de oliva
- 2 cucharadas de miel clara
- 2 cucharadas de mostaza en grano
- 2 cucharaditas de pasta de tamarindo
- 1 guindilla roja
- 2 ramas de apio
- 50 g de hojas de rúcula silvestre
- 100 g de hojas de espinacas baby troceadas
- 1 calabacín
- 1 zanahoria
- 500 g de boniatos
- 500 g de patatas tempranas
- 2 chirivías
- 1 col de Saboya
- 1 trozo de raíz de jengibre fresca de 4 cm
- 4 limas
- 1 guindilla verde
- 1 cebolla tierna
- 1 cucharadita de tomillo picado
- 1 manojo mediano de cilantro
- 2 cucharaditas de yogur natural
- 1 huevo

5 RECETAS CON VERDURAS

Con sólo 5 ingredientes clave, estos platos de verduras gustarán tanto a vegetarianos como a carnívoros. Son fuente de vitaminas y nutrientes y le ayudarán a tomar las 5 porciones de verdura diarias recomendadas.

Ensalada marroquí de garbanzos (p. 46)

Tortilla de setas (p. 70)

Verduras al curry (p. 64)

Pappardelle con pimiento y nueces (p. 118)

Frittata de calabaza y ricota (p. 72)

5 RECETAS CON POLLO

El pollo es magro, rápido de cocinar y fácil de encontrar, así que es la carne perfecta para comer si está cuidando su peso, además de una gran base para absorber todos los sabores de sus 5 ingredientes.

Ensalada veraniega de pollo a la plancha (p. 98)

Sándwich tostado de pollo (p. 44)

Sopa griega de pollo (p. 82)

Pollo al curry (p. 108)

Pollo con naranja y menta (p. 142)

5 RECETAS CON PESCADO Y MARISCO

A pesar de que el pescado es una gran fuente de proteínas, hay quien se siente intimidado a la hora de cocinarlo. Estas recetas, con sólo 5 ingredientes clave, son tan sencillas que pronto le harán ganar confianza y tiempo.

Bacalao al horno con tomates y aceitunas (p. 60)

Lubina con salsa de tomate y albahaca (p. 68)

Risotto de salmón ahumado (p. 120)

Pez espada con cuscús y tomates (p. 132)

Ensalada templada de vieiras (p. 48)

5 RECETAS PARA EL VERANO

El verano es la estación en la que todos queremos estar en buena forma, y estos platos ligeros y refrescantes son perfectos para comer al aire libre y disfrutar al máximo de los largos días veraniegos.

Ensalada de alubias, salchicha y pimiento rojo (p. 50)

Pizza de jamón serrano y rúcula (p. 92)

Ensalada de sandía y feta (p. 52)

Pollo *teriyaki* (p. 94)

Plátano a la plancha con arándanos (p. 182)

5 RECETAS PARA ENTRAR EN CALOR

Llevar una dieta sana y baja en calorías no significa renunciar a la reconfortante cocina tradicional, y estos platos consistentes y sabrosos le permitirán disfrutar de una buena comida de invierno con tranquilidad y sin remordimientos.

Calabaza con queso de cabra al horno (p. 66)

Sopa de alubias blancas y beicon (p. 74)

Lomo de ciervo en costra de pimienta (p. 130)

Melocotones escalfados con frambuesas (p. 88)

Hígado de ternera con puré de patata al ajo (p. 100)

5 RECETAS CON SABORES ORIENTALES

Las cocinas tailandesa, india, china y japonesa tienen una gran variedad de sabores y la virtud de ser bajas en calorías, y estas recetas con sólo 5 ingredientes le ahorrarán pasarse horas rastreando los pasillos del supermercado para hacer que su paladar viaje.

Bizcocho de té *chai* (p. 24)

Curry tailandés de cerdo y judías verdes (p. 80)

Salmón con azúcar y especias (p. 138)

Sorbete de lichi y coco (p. 186)

Pollo *tandoori* a la plancha (p. 112)

ENSALADAS Y TENTEMPIÉS LIGEROS

PARA 2 VASOS DE 300 ML

Calorías por ración: 89
Tiempo de preparación: 2 min

INGREDIENTES

1. 1 melocotón maduro sin hueso, partido por la mitad y troceado
2. 150 g de fresones
3. 150 g de frambuesas
4. 200 ml de leche
5. cubitos de hielo

Batidos de fruta veraniegos

■ Triture el melocotón, los fresones y las frambuesas con una batidora o robot de cocina hasta obtener un puré homogéneo, rebañando las paredes del bol si es necesario.

■ Añada la leche y mezcle los ingredientes de nuevo hasta que obtenga una mezcla homogénea y espumosa. Vierta el batido en vasos altos con cubitos hielo.

PARA 10 PORCIONES

Calorías por ración: 302
Tiempo de preparación: 15 min más el tiempo para reposar
Tiempo de cocción: 1 h 15 min

INGREDIENTES

1. **5 bolsas de té *chai***
2. **300 g de mezcla de fruta seca**
3. **50 g de nueces de Brasil molidas**
4. **50 g de mantequilla**
5. **1 huevo batido**

DESPENSA

300 ml de agua hirviendo; 250 g de harina con levadura; 1 cucharadita de levadura en polvo; 150 g de azúcar mascabado claro.

Bizcocho de té *chai*

■ Introduzca las bolsas de té en el agua hirviendo y déjelas reposar 10 minutos.

■ En un bol, mezcle la harina, la levadura, el azúcar, la fruta seca y las nueces. Saque las bolsas de té del agua y escúrralas. Corte la mantequilla en láminas finas, añádalas al agua y remueva hasta que se derritan. Déjelo enfriar un poco. Incorpore el resto de ingredientes y el huevo y mézclelo todo bien.

■ Con una cuchara, vierta la mezcla en un molde de 1 kg o 1,3 l forrado con papel vegetal y untado con mantequilla, y extiéndala hasta las esquinas. Cuézalo en un horno precalentado a 160 °C durante 1 hora y 15 minutos o hasta que suba, esté firme al tacto y que al clavar un pincho en el centro, éste salga limpio. Despegue el pastel por los lados y colóquelo sobre una rejilla. Retire el papel vegetal y déjelo enfriar. Extienda el glaseado de crema *chai* por la superficie, si lo desea (página siguiente).

GLASEADO DE CREMA *CHAI*

Vierta 50 ml de leche y 3 bolsas de té *chai* en un cazo y póngalo a hervir. Retírelo del fuego y deje reposar las bolsas de té en la leche hasta que se enfríe. Descarte las bolsas de té después de escurrirlas. En un bol, bata 200 g de crema de queso y 25 g de mantequilla ligera sin sal y añádalo a la leche aromatizada junto con 75 g de azúcar glasé tamizado. Calorías por ración: 113

PARA 12 *MUFFINS*

Calorías por *muffin*: 172
Tiempo de preparación: 10 min
Tiempo de cocción: 20 min

INGREDIENTES

1	**3 trozos de jengibre en conserva, unos 50 g cortados en trocitos**
2	**100 g de arándanos rojos secos**
3	**1 huevo**
4	**250 ml de leche**

DESPENSA

150 g de harina; 150 g de harina con levadura; 1 cucharada de levadura en polvo; 65 g de azúcar mascabado claro; 4 cucharadas de aceite vegetal.

Muffins de arándanos

■ Ponga las cápsulas de papel en un molde para doce *muffins*. En un bol grande, tamice las harinas y la levadura. Añada el azúcar, el jengibre y los arándanos y remueva hasta obtener una masa uniforme.

■ En un bol aparte, bata el huevo, la leche y el aceite, y añada el líquido a la mezcla de harinas. Con una cuchara grande de metal, vierta cuidadosamente el líquido en la harina sin acabar de mezclar. La masa tiene que quedar irregular, con grumos de harina.

■ Reparta la mezcla entre las cápsulas para *muffins*, haciendo un montoncito en el centro. Cuézalo en un horno precalentado a 200 °C durante 18-20 minutos, hasta que los *muffins* suban y queden dorados. Colóquelos en una rejilla y sírvalos mientras todavía estén ligeramente calientes.

PARA 2 PERSONAS

Calorías por ración: 348
Tiempo de preparación: 5 min más el tiempo para enfriar

INGREDIENTES

1 2 maracuyás

2 250 ml de yogur natural

3 4 cucharadas de miel clara

4 50 g de avellanas tostadas ligeramente picadas

5 4 clementinas peladas y troceadas

Yogur de maracuyá con frutos secos

■ Parta el maracuyá por la mitad, saque la pulpa con una cuchara y póngala en un bol grande. Añada el yogur y mézclelo todo con cuidado.

■ Ponga dos cucharadas de miel en la base de dos vasos estrechos y encima la mitad de las avellanas. Con una cuchara, vierta la mitad del yogur sobre las avellanas y disponga la mitad de los trozos de clementina encima del yogur.

■ Repita la disposición en capas, reservando algunas avellanas para decorar. Esparza los frutos secos por encima y conserve los yogures en frío hasta que desee servirlos.

PARA 12 BOLLOS

Calorías por ración: 120
Tiempo de preparación: 20 min
Tiempo de cocción: unos 10 min

INGREDIENTES

1. **50 g de mantequilla cortada en dados**
2. **50 g de pasas sultanas**
3. **la piel rallada de una naranja**
4. **1 huevo**
5. **unos 125 ml de leche**

DESPENSA

125 g de harina con levadura y un poco más para espolvorear; 100 g de harina integral con levadura; 2 cucharaditas de levadura en polvo; 1 cucharada de azúcar caster.

Bollos de naranja y pasas sultanas

■ En un bol grande, tamice las harinas y la levadura en polvo, sin dejar restos de salvado en el tamiz. Añada la mantequilla y desmenuce la mezcla con los dedos hasta que parezca pan rallado. Añada las pasas, el azúcar y la piel de naranja y remueva.

■ Rompa el huevo en un medidor y bátalo utilizando un tenedor. Añada leche hasta los 150 ml, viértalo en la mezcla de harina y forme una masa blanda. Agregue un poco más de leche si queda demasiado seca.

■ Presione ligeramente, forme una circunferencia de 1 cm de grosor y extraiga de ella doce bollos. Colóquelos en una bandeja de horno espolvoreada ligeramente con harina y cúbralos con un poco de leche con la ayuda de un pincel de repostería. Cueza en un horno precalentado a 220 °C durante 10 minutos o hasta que suban y estén dorados. Coloque los bollos en una rejilla y déjelos enfriar. Puede guardarlos en un envase hermético hasta tres días.

PARA 12 *MUFFINS*

Calorías por ración: 214
Tiempo de preparación: 15 min
Tiempo de cocción: 25 min

INGREDIENTES

1 — **1 huevo batido**

2 — **200 ml de leche**

3 — **200 g de frutos del bosque variados, cortados a trocitos**

DESPENSA

250 g de harina; 4 cucharadas de azúcar caster; 1 cucharada de levadura en polvo; 50 ml de aceite vegetal.

Muffins de frutos del bosque

■ Mezcle todos los ingredientes, salvo los frutos del bosque, hasta obtener una masa homogénea. Incorpore los frutos del bosque.

■ Ponga cápsulas de papel antiadherente en un molde para 12 *muffins* y, con una cuchara, coloque la mezcla en las cápsulas. Cueza en un horno precalentado a 180 °C durante 25 minutos o hasta que al clavar un pincho, éste salga limpio. Colóquelos en una rejilla y déjelos enfriar.

PARA 2 PERSONAS

Calorías por ración: 265
Tiempo de preparación: 5 min

INGREDIENTES

1. 1 naranja a gajos
2. 1 plátano
3. 150 ml de leche desnatada
4. 150 g de yogur natural
5. 25 g de nueces troceadas

Batido de nueces y plátano

■ Triture todos los ingredientes con un robot de cocina o batidora hasta obtener una mezcla homogénea y espumosa. Vierta el batido en dos vasos y sirva.

PARA 4 PERSONAS

Calorías por ración: 171
Tiempo de preparación: 5 min
Tiempo de cocción: 5 min

INGREDIENTES

1. **8 blinis grandes**
2. **2 cucharadas de crema fresca ligera**
3. **1 cucharadita de eneldo picado**
4. **2 cebollas tiernas cortadas**
5. **100 g de salmón ahumado**

DESPENSA

La piel rallada de 1 limón; trocitos de limón, para decorar; pimienta negra.

Blinis de salmón ahumado con crema de eneldo

■ Caliente ligeramente los blinis durante unos minutos en el horno.

■ Mezcle la crema fresca, el eneldo, la piel de limón y las cebollas tiernas y aderécelo con pimienta. Con una cuchara, coloque la mezcla sobre los blinis y corónelos con el salmón. Decore con trocitos de limón y sirva.

PARA 4 PERSONAS

Calorías por ración: 99
Tiempo de preparación: 10 min más el tiempo para enfriar
Tiempo de cocción: 10 min

INGREDIENTES

1. **2 berenjenas cortadas en dados pequeños**
2. **2 cucharadas de alcaparras troceadas ligeramente**
3. **4 tomates troceados**
4. **4 cucharadas de perejil picado**

DESPENSA

2 cucharadas de aceite de oliva; 1 cebolla morada cortada en tiras finas; 1 cucharada de vinagre balsámico.

Ensalada tibia de berenjena

■ Caliente el aceite en una sartén antiadherente. Añada las berenjenas y fríalas durante 10 minutos, hasta que los trozos queden dorados y blandos. Añada la cebolla morada, las acaparras, los tomates, el perejil y el vinagre y remueva.

■ Retire la sartén del fuego y déjelo enfriar durante 10 minutos antes de servir.

PARA 4 PERSONAS

Calorías por ración: 278
Tiempo de preparación: 20 min
Tiempo de cocción: 30 min

INGREDIENTES

1 **4 chalotas cortadas en tiras finas**

2 **8 huevos ligeramente batidos**

3 **2 cucharadas de hierbas frescas variadas picadas, como cebollino, perifollo, perejil, albahaca y tomillo**

4 **200 g de tomates cherry rojos y amarillos cortados por la mitad**

5 **150 g de tiras finas de jamón cocido**

DESPENSA

4 cucharaditas de aceite de oliva virgen extra; sal y pimienta negra.

Tortilla de jamón y tomate

■ Caliente una cucharadita de aceite en una sartén mediana a fuego medio. Añada las chalotas y cocínelas durante 4-5 minutos o hasta que queden blandas.

■ Mientras, bata los huevos y las hierbas en un recipiente grande y salpimiéntelo.

■ Con una espumadera, retire de la sartén tres cuartas partes de las chalotas y resérvelas. Vierta una cuarta parte de la mezcla de huevo en la sartén, esparza por encima los tomates cherry y remueva suavemente con una espátula de goma resistente al calor, hasta que el huevo esté prácticamente cocido. Esparza uniformemente una cuarta parte del jamón cortado en tiras sobre la tortilla y cocine ligeramente durante un minuto más.

■ Doble la tortilla por la mitad, pásela de la sartén a un plato caliente y sírvala inmediatamente. Repita el proceso con los ingredientes sobrantes para hacer tres tortillas más. Puede también mantener calientes las tortillas ya hechas hasta que las cuatro estén listas y servirlas a la vez.

PARA 4 PERSONAS

Calorías por ración: 262
Tiempo de preparación: 10 min
Tiempo de cocción: 5 min

INGREDIENTES

1 **4 cebollas tiernas troceadas**

2 **2 botes o latas de 400 g de lentejas verdes, enjuagadas y escurridas**

3 **3 cucharadas de hierbas picadas (como perejil, orégano o albahaca)**

4 **125 g de tomates cherry cortados por la mitad**

5 **85 g de jamón serrano cortado en tiras**

DESPENSA

2 cucharadas de aceite de oliva; 1 diente de ajo mahacado; 2 cucharadas de vinagre balsámico.

Ensalada de lentejas y hierbas con crujiente de jamón serrano

■ Caliente el aceite en una cacerola antiadherente, añada el ajo y las cebollas tiernas y fríalos durante 2 minutos.

■ Agregue las lentejas, el vinagre, las hierbas y los tomates. Remuévalo y resérvelo.

■ Caliente una sartén, añada el jamón serrano y cocínelo durante 1-2 minutos, hasta que quede crujiente. Disponga la ensalada de lentejas en una fuente grande, coloque el jamón encima y sírvala inmediatamente.

PARA 4 PERSONAS

Calorías por ración: 293
Tiempo de preparación: 15 min
Tiempo de cocción: 5-6 min

INGREDIENTES

1. **250 g de pechuga de pollo en filetes pequeños**
2. **8 rebanadas de pan granary o pan de cereales**
3. **6 cucharadas de yogur natural bajo en grasa**
4. **½-1 cucharadita de rábano picante recién rallado o salsa de rábano, al gusto**
5. **100 g de hojas de mezclum con tiras de remolacha**

DESPENSA

8 cucharadas de vinagre balsámico; pimienta.

Sándwich tostado de pollo

■ Ponga los filetes de pechuga de pollo en una bolsa de plástico con la mitad del vinagre y remuévalos hasta que queden cubiertos uniformemente.

■ Caliente una sartén antiadherente, saque el pollo de la bolsa con un tenedor y añada las piezas a la sartén. Fríalas durante 3 minutos, deles la vuelta, rocíelas con el vinagre de la bolsa y cocínelas 2 o 3 minutos más o hasta que estén doradas y bien hechas.

■ Tueste el pan ligeramente por los dos lados. Corte el pollo en tiras finas y largas y dispóngalas sobre 4 rebanadas de pan. Mezcle el yogur y el rábano y un poco de pimienta al gusto. Añada las hojas de mezclum y remuévalo todo.

■ Con una cuchara, disponga el yogur y las hojas de ensalada sobre el pollo, alíñelo con el resto del vinagre, si lo desea, y cubra con el resto de rebanadas de pan. Corte cada sándwich por la mitad y sírvalo inmediatamente.

AÑADA UN TOQUE DE AJO

Mezcle los filetes de pollo con el zumo de medio limón y una cucharada de aceite de oliva y fríalos como hemos explicado pero sin el vinagre. Tueste ocho rebanadas de pan integral y úntelas con alioli. Distribuya el pollo en cuatro rebanadas de pan tostado y cúbralas con las hojas de dos lechugas romanas cortadas en tiras y un trozo de pepino de 5 cm cortado en láminas finas. Cubra con el resto de rebanadas de pan tostado, presiónelo todo y córtelo en triángulos. Calorías por ración: 380

PARA 4 PERSONAS

Calorías por ración: 200
Tiempo de preparación: 10 min más el tiempo para reposar

INGREDIENTES

1. **2 botes de 400 g garbanzos cocidos, enjuagados y escurridos**
2. **4 tomates troceados**
3. **un puñado de hierbas picadas (como menta y perejil)**
4. **un pellizco de pimentón**
5. **un pellizco de comino molido**

DESPENSA

1 cebolla morada cortada en tiras finas; 4 cucharadas de zumo de limón; 1 cucharada de aceite de oliva; sal y pimienta negra.

Ensalada marroquí de garbanzos

■ Mezcle todos los ingredientes en un bol grande que no sea metálico. Reserve durante 10 minutos para que los aromas se fusionen y sirva la ensalada.

PARA 4 PERSONAS

Calorías por ración: 257
Tiempo de preparación: 10 min
Tiempo de cocción: 3 min

INGREDIENTES

1 **250 g de fresas silvestres sin tallo**

2 **12 vieiras, sin coral, cortadas en tres trozos**

3 **3 puerros, cortados a lo largo en tiras finas**

4 **250 g de hojas de mezclum**

5 **12 fresas silvestres y 5 fresones troceados y otras 8 fresas o 3 fresones cortados por la mitad, para decorar**

DESPENSA

2 cucharadas de vinagre balsámico; 1 cucharada de zumo de limón más el zumo de 1 limón; 65 ml de aceite de oliva; sal y pimienta negra.

Ensalada templada de vieiras

■ Triture las fresas, el vinagre, una cucharada de zumo de limón y 50 ml de aceite con un robot de cocina o batidora hasta que quede una mezcla homogénea. Pásela por un colador o paño de muselina para eliminar las pepitas y resérvela.

■ Aderece las vieiras con sal y pimienta y el zumo de limón sobrante.

■ Prepare la guarnición. Caliente el resto de aceite en una sartén antiadherente, añada los puerros y cocínelos a fuego alto, removiendo durante 1 minuto o hasta que queden dorados. Retírelos del fuego y resérvelos.

■ Agregue los trozos de vieira a la sartén y cocínelos durante 20-30 segundos por cada lado. Distribuya la ensalada en cuatro porciones y forme con cada una un montón en el centro de cuatro platos individuales. Coloque los trozos de vieira encima de la ensalada.

■ Caliente ligeramente la mezcla de fresas en una sartén pequeña durante unos 20-30 segundos y viértala encima de las vieiras y las hojas de ensalada. Esparza por encima los puerros y decórelo con las fresas. Ponga una pizca de pimienta y sírvalo.

AÑADA ALIÑO

En un bol, bata 2 cucharadas de aceite de oliva extra virgen, 1 cucharadita de aceite de sésamo, 1 cucharadita de salsa de soja ligera, 2 cucharaditas de vinagre balsámico, 1 cucharadita de miel clara y pimienta al gusto. Cocine las vieiras como hemos explicado (sin puerro) y dispóngalas sobre la ensalada. Caliente ligeramente el aliño y viértalo sobre las vieiras y las hojas de ensalada. Calorías por ración: 173

PARA 4 PERSONAS

Calorías por ración: 250
Tiempo de preparación: 10 min más el tiempo para enfriar
Tiempo de cocción: 10 min

INGREDIENTES

1. **3 pimientos rojos cortados por la mitad, sin corazón ni semillas**
2. **1 guindilla sin semillas troceada**
3. **75 g de salchicha de cerdo cortada en trozos finos**
4. **2 latas o botes de 400 g de alubias blancas cocidas, enjuagadas y escurridas**
5. **2 cucharadas de cilantro fresco picado**

DESPENSA

1 cucharada de aceite de oliva; 1 cebolla cortada en tiras; 1 cucharada de vinagre balsámico.

Ensalada de alubias, salchicha y pimiento rojo

■ Ponga los pimientos en una bandeja de horno, con el lado de la piel hacia arriba, y cocínelos bajo el grill precalentado durante 8-10 minutos, hasta que la piel se oscurezca. Cuando los pimientos estén lo bastante fríos, saque la piel y córtelos en tiras.

■ Mientras, caliente el aceite en una sartén antiadherente, añada la cebolla y fríala durante 5-6 minutos, hasta que quede blanda. Añada las salchichas y fríalas durante 1-2 minutos, hasta que queden crujientes.

■ Mezcle las alubias y el vinagre balsámico, luego añada la mezcla de cebolla y salchichas, los pimientos y la guindilla.

VERSIÓN VEGETARIANA

Omita las salchichas y mezcle 50 g de aceitunas negras deshuesadas y cortadas por la mitad con las alubias. Trocee 75 g de queso halloumi y páselo por la parrilla. Reparta la ensalada en dos boles y disponga el halloumi por encima. Calorías por ración: 248

PARA 4 PERSONAS

Calorías por ración: 99
Tiempo de preparación: 10 min
Tiempo de cocción: 2 min

INGREDIENTES

1. **1 cucharada de semillas de sésamo negro**
2. **500 g de sandía pelada, sin semillas y cortada en dados**
3. **175 g de queso feta cortado en dados**
4. **2 puñados y medio de rúcula**
5. **un puñado de menta**

DESPENSA

2 cucharadas de aceite de oliva; el zumo de medio limón grande; sal y pimienta negra.

Ensalada de sandía y feta

■ Fría sin aceite las semillas de sésamo durante unos minutos, hasta que empiecen a desprender su aroma, y resérvelas. Disponga la sandía y el queso feta en una fuente con la rúcula y la menta.

■ Bata el aceite de oliva y el zumo de limón y salpimiéntelo al gusto. Rocíe el aliño en la ensalada, esparza las semillas de sésamo por encima y sirva.

PARA 6 PERSONAS

Calorías por ración: 186
Tiempo de preparación: 20 min
Tiempo de cocción: 25 min

INGREDIENTES

1. **375 g o 3 pimientos pequeños de diferentes colores**
2. **500 g de tomates sin piel y sin semillas troceados**
3. **6 huevos grandes**
4. **ramitos de tomillo sin hojas o un pellizco generoso de tomillo seco, más los ramitos para decorar**
5. **125 g de pastrami cortado en lonchas finas**

DESPENSA

2 cucharadas de aceite de oliva; sal y pimienta negra; 1 cebolla cortada a tiras finas; 2 dientes de ajo machacados.

Piperrada con pastrami

■ Haga el sofrito. Ponga los pimientos en una bandeja de horno, con el lado de la piel hacia arriba, y cocínelos bajo el grill precalentado durante 8-10 minutos, hasta que la piel se oscurezca. Cúbralos con papel de cocina húmedo. Cuando estén lo bastante fríos para manipular, sáqueles la piel y las semillas y córtelos en tiras.

■ Caliente una cucharada de aceite en una sartén grande, añada la cebolla y fríala ligeramente durante 10 minutos, hasta que quede blanda y transparente. Añada los ajos, los tomates y los pimientos y cuézalo a fuego lento durante 5 minutos, hasta que todo el jugo del tomate se haya evaporado. Resérvelo hasta la hora de servir.

■ En un bol, bata los huevos con el tomillo, la sal y la pimienta. Recaliente el sofrito. Caliente el aceite sobrante en un cazo, añada los huevos, removiendo hasta que queden ligeramente revueltos. Júntelos con el sofrito recalentado y sírvalo en los platos con una cuchara.

■ Disponga el pastrami alrededor de los huevos, decórelo con un poco más de tomillo y sírvalo inmediatamente.

PARA 4 PERSONAS

Calorías por ración: 190
Tiempo de preparación: 15 min más el tiempo para marinar
Tiempo de cocción: 3 min

INGREDIENTES

1 lata o bote de 400 g de alubias *borlotti* o pintadas, enjuagadas y escurridas

2 1 guindilla roja sin semillas y cortada en trozos finos

3 2 ramas de apio cortado en trozos finos

4 lata de 200 g de atún en aceite de oliva, escurrido y desmenuzado

5 50 g de hojas de rúcula silvestre

DESPENSA

1 cucharada de agua (opcional); 2 cucharadas de aceite de oliva virgen extra; 2 dientes de ajo picados; media cebolla morada cortada en rodajas; piel rallada y zumo de 1 limón; sal y pimienta negra.

Ensalada de alubias *borlotti* y atún

■ Caliente las alubias en un cazo a fuego medio durante 3 minutos, añadiendo agua si empiezan a pegarse a la base.

■ Ponga el aceite, los ajos y la guindilla en un bol grande. Añada el apio, la cebolla y las alubias calientes y salpiméntelo. Cúbralo y déjelo marinar a temperatura ambiente al menos durante 30 minutos y hasta 4 horas.

■ Añada el atún y la piel y zumo de limón. Con cuidado, remueva junto con las hojas de rúcula, pruébelo y corrija el aderezo con más sal, pimienta y zumo de limón, si es necesario.

RECETAS CON MENOS DE 300 CALORÍAS

PARA 4 PERSONAS

Calorías por ración: 239
Tiempo de preparación: 5 min
Tiempo de cocción: 15 min

INGREDIENTES

1. **250 g de tomates cherry partidos por la mitad**
2. **100 g de aceitunas negras deshuesadas**
3. **2 cucharadas de alcaparras en conserva escurridas**
4. **2 cucharadas de mezcla de hierbas frescas picadas (tomillo y perejil incluidos)**
5. **4 filetes de bacalao, de unos 175 g cada uno**

DESPENSA

2 cucharadas de aceite de oliva virgen extra;
2 cucharadas de vinagre balsámico; sal y pimienta.

Bacalao al horno con tomates y aceitunas

■ Ponga los tomates, las aceitunas, las alcaparras y las hierbas en una bandeja de horno. Coloque también el bacalao, riéguelo todo con aceite y vinagre balsámico y salpiméntelo al gusto.

■ Cuézalo en el horno precalentado a 200 °C durante 15 minutos.

■ Disponga el pescado, los tomates y las aceitunas en platos calientes. Con una cuchara, recupere el jugo que ha quedado en la fuente y viértalo por encima del pescado. Sírvalo inmediatamente.

PARA 4 PERSONAS

Calorías por ración: 197
Tiempo de preparación: 10 min
Tiempo de cocción: 16-20 min

INGREDIENTES

1 **8 contramuslos de pollo deshuesados**

2 **2 cucharadas de mostaza Dijon**

3 **6 gotas de salsa tabasco**

4 **1 cucharada de salsa de soja**

5 **hojas de ensalada, para servir**

DESPENSA

2 dientes de ajo machacados.

Pollo *alla diavola*

■ Caliente una plancha grande (o una sartén normal).

■ Saque la piel de los contramuslos de pollo, ábralos y quite toda la grasa.

■ Para la salsa picante, mezcle la mostaza, el tabasco, el ajo y la salsa de soja en un plato hondo.

■ Bañe el pollo en la salsa picante, cubriendo bien cada pieza. Ponga los contramuslos planos en la plancha y cocínelos en dos tandas durante 8-10 minutos por cada lado.

■ Sírvalos calientes o fríos con hojas de ensalada.

POLLO PICANTE

Mezcle 3 cucharadas de salsa picante preparada con la piel rallada y el zumo de media naranja y dos dientes de ajo picados. Bañe el pollo en esta mezcla y cocínelo tal como hemos explicado. Sírvalo con arroz o ensalada. Calorías por ración: 193

PARA 4 PERSONAS

Calorías por ración: 268
Tiempo de preparación: 10 min
Tiempo de cocción: 20-25 min

INGREDIENTES

1	**2 cucharadas de pasta de curry medio picante**
2	**1,5 kg de mezcla de verduras, por ejemplo, calabacín, pimiento, champiñones, judías verdes y patata (máximo 0,5 kg de patata)**
3	**200 g de tomate triturado en lata**
4	**400 g de leche de coco en lata**
5	**2 cucharadas de hojas de cilantro picadas**

DESPENSA

1 cucharada de aceite de oliva; 1 cebolla picada;
1 diente de ajo machacado.

Verduras al curry

■ Caliente el aceite en una sartén grande, añada la cebolla y el ajo y fríalos durante 2 minutos. Vierta la pasta de curry y siga friendo durante un minuto más.

■ Añada las verduras y fríalas durante 2-3 minutos, removiendo de vez en cuando. Agregue el tomate triturado y la leche de coco. Remueva bien, póngalo a hervir, baje el fuego y cueza durante 12-15 minutos, hasta que las verduras estén cocinadas.

■ Mézclelo todo con un poco de cilantro y sírvalo.

PARA 4 PERSONAS

Calorías por ración: 230
Tiempo de preparación: 20 min
Tiempo de cocción: 25-30 min

INGREDIENTES

1. **400 g de remolacha cruda pelada y cortada en dados**
2. **625 g de calabaza pelada, sin semillas y cortada en dados más grandes**
3. **2 cucharaditas de semillas de hinojo**
4. **2 rulos de queso de cabra de 100 g cada uno**
5. **tomillo picado para decorar**

DESPENSA

1 cebolla morada cortada en gajos; 2 cucharadas de aceite de oliva; sal y pimienta negra.

Calabaza con queso de cabra al horno

■ Ponga la remolacha, la calabaza y la cebolla en una fuente para horno, rocíelo con aceite y esparza por encima las semillas de hinojo, la sal y la pimienta. Ase las verduras en un horno precalentado a 200 °C durante 20-25 minutos, dándoles la vuelta una vez, hasta que queden doradas y tiernas.

■ Corte el queso de cabra por la mitad y coloque cada porción entre las verduras asadas. Salpimiente por encima y riegue con el mismo jugo que han dejado las verduras.

■ Devuelva la fuente al horno y déjela 5 minutos más, hasta que el queso se empiece a derretir. Añada un toque de romero y sírvalo.

PARA 4 PERSONAS

Calorías por ración: 237
Tiempo de preparación: 10 min
Tiempo de cocción: 30 min

INGREDIENTES

1. **8 tomates maduros cortados por la mitad**
2. **4 filetes de lubina, de unos 150 g cada uno**
3. **2 cucharadas de albahaca picada, más alguna hoja para decorar**

DESPENSA

La piel de 1 limón, 2 cucharadas de zumo y algún gajo para decorar; 2 cucharadas de aceite de oliva virgen extra; sal y pimienta.

Lubina con salsa de tomate y albahaca

■ Haga la salsa con dos días de antelación a lo sumo.

■ Disponga los tomates en una fuente para horno, sazónelos bien y cocínelos en un horno precalentado a 200 °C durante 20 minutos.

■ Pase los tomates y el jugo que hayan dejado a una sartén y caliéntelos ligeramente con el zumo de limón y gran parte de la piel de limón. Aderécelo al gusto y resérvelo hasta que esté listo para servir.

■ Sazone los filetes de pescado y cocínelos bajo el grill precalentado durante 10 minutos aproximadamente o hasta que el pescado esté bien hecho.

■ Mientras, caliente la salsa. Añada la albahaca picada y el aceite y remuévalo. Con una cuchara, cubra el pescado con la salsa. Decórelo con hojas de albahaca, gajos de limón y el resto de la piel de limón.

VERSIÓN CON LANGOSTINOS

Utilice 16 langostinos crudos y pelados para sustituir la lubina. Fríalos en una sartén impregnada en un poco de aceite hasta que estén bien hechos y adquieran un color rosado. Haga la salsa como hemos explicado y cubra con ella los langostinos antes de servirlos. Calorías por ración: 169

PARA 4 PERSONAS

Calorías por ración: 282
Tiempo de preparación: 10 min
Tiempo de cocción: 20-25 min

INGREDIENTES

1	2 cucharadas de mantequilla o margarina
2	200 g de setas silvestres troceadas
3	8 huevos grandes batidos
4	2 cucharadas de perejil picado
5	50 g de queso gruyer rallado

DESPENSA

Pimienta negra.

Tortilla de setas

■ Derrita una parte de la mantequilla o margarina en una sartén, añada las setas y saltéelas durante 5-6 minutos, hasta que estén hechas y se haya evaporado toda la humedad. Retire las setas de la sartén.

■ Derrita un poco más de mantequilla o margarina en la misma sartén y añada una cuarta parte del huevo batido. Sazónelo bien con pimienta y remuévalo con una cuchara de madera, disponiendo el huevo cocido en el centro de la sartén para que la parte que quede líquida se deslice hacia los lados y se cocine.

■ Cuando quede sólo un poco de huevo líquido, esparza una cuarta parte de las setas y un poco de perejil y gruyer. Doble la tortilla, pásela a un plato caliente y manténgala caliente mientras hace otras tres tortillas de la misma manera.

PARA 6 PERSONAS

Calorías por ración: 248
Tiempo de preparación: 10 min
Tiempo de cocción: 25-30 minutos

INGREDIENTES

1. **450 g de calabaza pelada y cortada en dados**
2. **8 huevos**
3. **1 cucharada de tomillo picado**
4. **2 cucharadas de salvia picada**
5. **125 g de queso ricota**

DESPENSA

1 cucharada de aceite de oliva extra virgen; 1 cebolla morada cortada en tiras finas; sal y pimienta negra.

Frittata de calabaza y ricota

■ Caliente el aceite a fuego medio en una sartén grande y honda con mango resistente al calor. Añada la cebolla y la calabaza, cubra la sartén sin taparla del todo y cocínelas ligeramente, removiendo con frecuencia, durante 18-20 minutos o hasta que queden blandas y doradas.

■ Bata ligeramente los huevos en un recipiente con el tomillo, la salvia y la ricota. Salpimiente la mezcla y viértala sobre la calabaza.

■ Cocínelo todo durante 2-3 minutos más, hasta que el huevo esté casi hecho, removiendo con frecuencia con una espátula de goma resistente al calor para evitar que la base se queme.

■ Ponga la sartén bajo el grill precalentado, con el mango lejos de la fuente de calor, durante 3-4 minutos o hasta que el huevo esté hecho y la *frittata* quede dorada. Corte en seis porciones y sírvalas calientes.

PARA 4 PERSONAS

Calorías por ración: 136
Tiempo de preparación: 5 min
Tiempo de cocción: 15 min

INGREDIENTES

1. **2 lonchas de beicon ahumado troceadas**
2. **algunos ramitos de tomillo o tomillo limonero**
3. **2 latas o botes de 400 g de alubias blancas cocidas, enjuagadas y escurridas**
4. **2 cucharadas de perejil picado**

DESPENSA

1 cucharadita de aceite de oliva; 2 dientes de ajo machacados; 1 cebolla troceada; 900 ml de caldo de verduras; pimienta negra.

Sopa de alubias blancas y beicon

■ Caliente el aceite en una cacerola grande, añada el beicon, los ajos y la cebolla y fríalos durante 3-4 minutos, hasta que el beicon empiece a dorarse y la cebolla a ablandarse.

■ Añada el tomillo y siga friendo un minuto más. Añada las alubias y el caldo a la cacerola, llévelo a ebullición y luego cuézalo a fuego lento durante 10 minutos.

■ Vierta la sopa en una licuadora o robot de cocina y tritúrela con el perejil y la pimienta hasta que quede homogénea.

■ Devuelva la sopa a la cacerola y caliéntela antes de servir.

PARA 4 PERSONAS

Calorías por ración: 149
Tiempo de preparación: 10 min
Tiempo de cocción: 15 min

INGREDIENTES

1. 4 contramuslos de pollo deshuesados y sin piel
2. 2 cucharadas de miel clara
3. 2 cucharadas de mostaza en grano
4. 1 calabacín cortado en 8 trozos grandes
5. 1 zanahoria cortada en 8 trozos grandes

Pinchos de pollo y verduras

■ Corte los contramuslos de pollo en trozos que pueda llevarse a la boca enteros y mézclelos con la miel y la mostaza. Disponga las piezas de pollo en una fuente para horno y cuézalas en un horno precalentado a 180 °C durante 15 minutos, hasta que se doren y estén bien hechas. Resérvelas y déjelas enfriar.

■ Coja ocho pinchos de bambú y atraviese con ellos las piezas de pollo y las verduras crudas.

■ Sírvalos con la mezcla de miel y mostaza para mojar. Los pinchos pueden guardarse en la nevera y llevarse en la fiambrera del día siguiente.

PARA GLASEAR

Mezcle 2 cucharadas de tomate ketchup, 2 cucharaditas de miel líquida, 2 dientes de ajos picados y una cucharada de aceite de girasol. Bañe el pollo en la mezcla de ketchup y cocínelo tal como hemos explicado. Con los pinchos, atraviese los trozos de pollo y un pimiento rojo sin corazón ni semillas cortado en trozos grandes y 8 tomates cherry. Calorías por ración: 158

PARA 4 PERSONAS

Calorías por ración: 187 (sin patatas o pasta)
Tiempo de preparación: 5 min
Tiempo de cocción: 10 min

INGREDIENTES

1 **15 g de mantequilla sin sal**

2 **50 g de panceta o beicon ahumado troceado**

3 **500 g de langostinos crudos pelados**

4 **1 manojo grande de berros**

DESPENSA

1 cucharadita de aceite de oliva; el zumo y la piel rallada de un limón.

Langostinos con panceta

■ Caliente el aceite y la mantequilla en una sartén grande, añada la panceta o beicon ahumado y fríalo durante 3-4 minutos, hasta que quede crujiente.

■ Añada los langostinos y fríalos 1 minuto por cada lado. Esparza por encima la piel y zumo de limón y siga friendo 1 minuto más. Luego añada los berros y mézclelo todo bien.

■ Sírvalo como plato único ligero o con patatas o pasta como plato principal.

PARA 4 PERSONAS

Calorías por ración: 216
Tiempo de preparación: 10 min
Tiempo de cocción: 5 min

INGREDIENTES

1. 1 cucharada y media de pasta de curry rojo tailandés preparada o casera
2. 375 g de cerdo magro cortado en tiras finas
3. 100 g de judías verdes despuntadas y cortadas por la mitad
4. 2 cucharadas de salsa de pescado tailandesa (*nampla*)
5. cebollino chino o normal para decorar

DESPENSA

2 cucharadas de aceite de cacahuete;
1 cucharadita de azúcar caster.

Curry tailandés de cerdo y judías verdes

■ Caliente el aceite en un wok a fuego medio hasta que empiece a hervir. Añada la pasta de curry y cocínela, removiendo, hasta que desprenda su aroma.

■ Añada el cerdo y las judías verdes y saltéelo todo durante 2-3 minutos, hasta que la carne esté hecha y las judías queden tiernas.

■ Añada la salsa de pescado y el azúcar y remueva. Sírvalo decorado con cebollino.

PARA 6 PERSONAS

Calorías por ración: 218
Tiempo de preparación: 10 min
Tiempo de cocción: 15-20 min

INGREDIENTES

1 125 g de cualquier tipo de pasta para sopa

2 25 g de mantequilla

3 4 yemas de huevo

4 125 g de pollo cocido cortado en tiras finas

5 hojas de orégano

DESPENSA

2 litros de caldo de pollo; 25 g de harina; el zumo y la piel rallada de 1 limón, más algún gajo y un poco más de piel rallada; sal y pimienta negra.

Sopa griega de pollo

■ Hierva el caldo, introduzca la pasta y cuézala a fuego lento durante 8-10 minutos, hasta que quede un poco blanda.

■ Mientras, caliente aparte la mantequilla en un cazo más pequeño, añada la harina, remueva y, poco a poco, mézclela con dos cucharones de caldo de la cacerola grande. Hiérvalo y siga removiendo. Retire el cazo del fuego.

■ En un bol de tamaño medio, mezcle las yemas de huevo, la piel de limón y un poco de sal y pimienta. Añada y mezcle gradualmente el zumo de limón hasta que quede homogéneo. Lentamente agregue y mezcle la salsa caliente del cazo pequeño, removiendo continuamente.

■ Cuando la pasta esté hecha, añada otro par de cucharones de caldo a la mezcla de limón y a continuación viértalo todo en la olla grande. (No caiga en la tentación de meter los huevos y el limón directamente en la olla de pasta, ya que podría cortarse). Mézclelo bien, sírvalo con un cucharón en platos soperos o boles y decore la superficie con el pollo, un poco más de piel de limón y alguna hoja de orégano desmenuzada. Sírvalo acompañado de gajos de limón.

PARA 4 PERSONAS

Calorías por ración: 160
Tiempo de preparación: 15 min
Tiempo de cocción: 25 min

INGREDIENTES

1	4 lonchas de lomo de beicon magro troceadas
2	500 g de boniatos troceados
3	2 chirivías troceadas
4	1 cucharada de tomillo picado
5	1 col de Saboya cortada en tiras

DESPENSA

2 cebollas troceadas; 2 dientes de ajo troceados; 900 ml de caldo de verduras.

Sopa de boniato y col

■ Ponga las cebollas, los ajos y el lomo de beicon en una cacerola grande y fríalo todo durante 2-3 minutos.

■ Añada los boniatos, las chirivías, el tomillo y el caldo, llévelo a ebullición y luego cocínelo a fuego lento durante 15 minutos.

■ Traslade dos terceras partes de la sopa a una batidora o robot de cocina y triture la mezcla hasta que quede homogénea. Devuélvalo a la cacerola, añada la col y siga cocinando a fuego lento durante 5-7 minutos, hasta que la col esté hecha.

PRUÉBELA CON BRÓCOLI

Siga la receta y sustituya el boniato por 500 g de calabaza pelada y troceada. Después de devolver la sopa triturada a la olla, añada 100 g de cogollos pequeños de brócoli. Cocínelo como hemos explicado pero sin la col. Calorías por ración: 160

PARA 6 PERSONAS

Calorías por ración: 122
Tiempo de preparación: 5 min
Tiempo de cocción: 10 min

INGREDIENTES

1. 1 kg de cigalas grandes crudas sin pelar (descongeladas si no son frescas)
2. 1 pieza de 4 cm de raíz de jengibre fresca, pelada y troceada
3. 2 cucharaditas de pasta de tamarindo
4. el zumo de 2 limas y gajos de lima
5. 1 manojo pequeño de cilantro desmenuzado

DESPENSA

2 cucharadas de aceite de oliva; 1 cebolla grande troceada; 3-4 dientes de ajo cortados en trozos pequeños; 300 ml de caldo de pescado.

Cigalas con tamarindo y lima

■ Limpie las cigalas en agua fría y escúrralas bien. Caliente el aceite en una cacerola grande o wok, añada la cebolla y fríala durante 5 minutos, hasta que empiece a dorarse.

■ Agregue los ajos, el jengibre y la pasta de tamarindo, remuévalo y mézclelo con el zumo de lima y el caldo.

■ Hierva el caldo, añada las cigalas y cocínelas, removiendo, durante 5 minutos, hasta que adquieran un color rosado. Con una cuchara, sírvalas en boles y decórelos con las hojas de cilantro desmenuzadas y los gajos de lima.

PARA 6 PERSONAS

Calorías por ración: 107
Tiempo de preparación: 15 min
Tiempo de cocción: 25 min

INGREDIENTES

1. **140 ml de vino de Marsala o jerez dulce**
2. **1 vaina de vainilla**
3. **6 melocotones sin hueso y cortados por la mitad**
4. **150 g de frambuesas frescas**

DESPENSA

250 ml de agua; 75 g de azúcar caster.

Melocotones escalfados con frambuesas

■ Vierta el agua y el vino de Marsala o jerez en un cazo y añada el azúcar. Haga un corte transversal a la vaina de vainilla y extraiga las semillas negras. Añádalas al agua con la vaina y caliente ligeramente la mezcla hasta que el azúcar se disuelva.

■ Coloque los melocotones partidos, con el corte hacia abajo, uno al lado del otro sobre un plato resistente al calor. Vierta por encima el sirope caliente, cubriendo los melocotones, y cocínelos en un horno precalentado a 180 °C durante 20 minutos.

■ Esparza las frambuesas por la superficie. Puede servir la fruta caliente o fría. Con una cuchara, sírvala en boles y decórelos con la vaina de vainilla cortada en tiras finas.

RECETAS CON MENOS DE 500 CALORÍAS

PARA 4 PERSONAS

Calorías por ración: 498
Tiempo de preparación: 10 min
Tiempo de cocción: 10 min

INGREDIENTES

1. **4 bases de pizza mini**
2. **250 g de queso mozzarella baja en grasas**
3. **8 tomates cherry cortados en cuartos**
4. **150 g de jamón serrano a lonchas**
5. **50 g de hojas de rúcula lavadas**

DESPENSA

2 dientes de ajo, cortados por la mitad; vinagre balsámico para el aderezo; sal y pimienta negra.

Pizza de jamón serrano y rúcula

■ Frote la superficie de las bases de pizza con el diente de ajo cortado y luego descártelo.

■ Ponga las bases de pizza en una bandeja de horno, cúbralas con la mozzarella y los tomates y cuézalas en un horno precalentado a 200 °C durante 10 minutos o hasta que el pan se dore.

■ Ponga el jamón y las hojas de rúcula encima de las pizzas, aderécelas al gusto con sal, pimienta y vinagre balsámico y sírvalas inmediatamente.

VERSIÓN HAWAIANA

Escurra y trocee 200 g de rodajas de piña en lata, y escurra y desmenuce 160 g de atún natural en lata. Cubra la base de las pizzas con la piña y el atún y luego esparza la mozzarella y los tomates por encima, antes de cocerlas como hemos explicado. Calorías por ración: 481

PARA 4 PERSONAS

Calorías por ración: 340
Tiempo de preparación: 5 min más el tiempo para marinar
Tiempo de cocción: 5-6 min

INGREDIENTES

1 **4 pechugas de pollo deshuesadas y sin piel, unos 500 g en total, cortadas en dados de 2,5 cm**

2 **4 cucharadas de salsa de soja oscura, más un poco para servir**

3 **4 cucharadas de *mirin* japonés**

4 **250 g de fideos soba**

DESPENSA

2 cucharadas de azúcar caster; aceite de sésamo para servir.

Pollo *teriyaki*

■ Coloque el pollo en un plato hondo. Mezcle la salsa de soja, el *mirin* y el azúcar. Añádalo al pollo y remuévalo bien para cubrirlo. Resérvelo para marinar durante 15 minutos.

■ Mientras, cocine los fideos según las instrucciones del envase, escúrralos, enfríelos con agua muy fría, escúrralos otra vez y manténgalos fríos.

■ Atraviese los dados de pollo con pinchos metálicos y cocínelos a la parrilla durante 2-3 minutos por cada lado.

■ Remueva los fideos con un poco de aceite de sésamo y sírvalos con el pollo y un poco más de aceite de sésamo y salsa de soja.

PARA 4 PERSONAS

Calorías por ración: 353
Tiempo de preparación: 5 min
Tiempo de cocción: 5 min

INGREDIENTES

1 **3 filetes de buey de 300 g**

2 **150 g de *radicchio*, cortado en tiras de 2,5 cm**

DESPENSA

Media cucharada de aceite de oliva; 2 dientes de ajo picados; sal.

Tiras de buey con *radicchio*

■ Quite la grasa de los filetes y córtelos en tiras muy finas.

■ Caliente el aceite a fuego alto en una sartén de base gruesa, añada los ajos y las tiras de carne, sazónelo con sal y saltéelo durante 2 minutos o hasta que la carne se dore.

■ Añada el *radicchio* y saltéelo hasta que las hojas empiecen a reducirse. Sírvalo inmediatamente.

PARA 4 PERSONAS

Calorías por ración: 357
Tiempo de preparación: 15 min
Tiempo de cocción: 45 min

INGREDIENTES

1 **4 pechugas de pollo de 125 g cada una, sin piel**

2 **2 pimientos rojos sin semillas, cortados en trozos planos**

3 **1 manojo de espárragos trigueros sin los extremos leñosos**

4 **200 g de patatas tempranas hervidas y cortadas por la mitad**

5 **1 manojo de albahaca**

DESPENSA

2 cebollas moradas pequeñas; 5 cucharadas de aceite de oliva; 2 cucharadas de vinagre balsámico; sal y pimienta negra.

Ensalada veraniega de pollo a la plancha

■ Caliente una plancha (o sartén normal). Ponga las pechugas de pollo en la plancha y cocínelas durante 8-10 minutos por cada lado. Cuando estén hechas, retírelas y córtelas en trozos.

■ Corte las cebollas moradas en gajos sin tocar la raíz para que no se desmonten. Póngalos en la plancha y cocínelos durante 5 minutos por cada lado. Retírelos y resérvelos.

■ Ponga los trozos planos de pimiento en la plancha y cocínelos durante 8 minutos, sólo por la parte de la piel, de manera que se tueste y quede bufada. Retírelos y resérvelos. Cocine los espárragos en la plancha durante 6 minutos, girándolos con frecuencia.

■ Ponga las patatas hervidas en un bol grande. Desmenuce la albahaca, reservando algunas hojas para decorar, e incorpórela al bol con el pollo y las verduras. Añada el aceite de oliva, el vinagre balsámico y el aliño. Remueva la ensalada y decórela con las hojas de albahaca.

PARA 2 PERSONAS

Calorías por ración: 393
Tiempo de preparación: 10 min
Tiempo de cocción: 12-16 min

INGREDIENTES

1 350 g de patatas peladas y cortadas en dados

2 3 cucharadas de crema fresca ligera

3 media cucharada de salvia picada

4 2 trozos de hígado de ternera de unos 150 g

5 jugo sazonador para servir

DESPENSA

1 diente de ajo; 1 cucharada de harina condimentada; 2 cucharadas de aceite de oliva; sal y pimienta.

Hígado de ternera con puré de patata al ajo

■ Cocine las patatas y el ajo en un cazo con agua hirviendo y sal durante 10-12 minutos, hasta que estén tiernas, y escúrralas. Devuelva las patatas y el ajo al cazo y haga un puré añadiendo la crema fresca y la salvia. Aderécelo bien con pimienta.

■ Mientras, reboce los trozos de hígado en la harina condimentada. Caliente el aceite en una sartén, añada el hígado y fríalo durante 1-2 minutos por cada lado, hasta que quede hecho al gusto. Sírvalo con el puré y jugo sazonador.

PARA 4 PERSONAS

Calorías por ración: 350
Tiempo de preparación: 5 min
Tiempo de cocción: 30 min

INGREDIENTES

1. **4 pimientos rojos sin corazón ni semillas pero con tallo, cortados por la mitad**
2. **400 g de alubias blancas en conserva, enjuagadas y escurridas**
3. **125 g de queso de cabra de textura firme**
4. **8 cucharaditas de pesto preparado**

DESPENSA

4 cucharaditas de aceite de oliva.

Pimientos asados con queso de cabra

■ Ponga los pimientos cortados por la mitad en una bandeja de horno, con la parte de la piel hacia abajo, y rellénelos con las alubias. Rocíelos con aceite.

■ Corte el queso de cabra en 8 rodajas horizontales y colóquelas encima de las alubias. Corone cada montón con una cucharadita de pesto.

■ Cubra los pimientos con papel de aluminio y cuézalos en un horno precalentado a 200 °C durante 20 minutos o hasta que estén tiernos. Retire el papel de aluminio y cuézalos unos 10 minutos más.

PARA 4 PERSONAS

Calorías por ración: 461
Tiempo de preparación: 10 min
Tiempo de cocción: 10 min

INGREDIENTES

1	**200 g de chorizo cortado en dados de 1 cm**
2	**2 tomates maduros sin semillas, cortados en trozos pequeños**
3	**3 cucharadas de perejil picado**
4	**2 botes de 400 g de garbanzos cocidos, escurridos**

DESPENSA

2 cucharadas de aceite de oliva; 1 cebolla morada cortada en trozos pequeños; 2 dientes de ajo machacados; sal y pimienta negra.

Garbanzos con chorizo

■ Caliente el aceite en una sartén antiadherente, añada la cebolla, los ajos y el chorizo y cocínelo a fuego medio, removiendo a menudo, durante 4-5 minutos.

■ Añada el tomate, el perejil y los garbanzos a la sartén y cocínelos, removiendo a menudo, durante 4-5 minutos o hasta que la mezcla se haya calentado bien.

■ Salpimiéntela al gusto y sírvala inmediatamente o déjela enfriar a temperatura ambiente.

PARA 4 PERSONAS

Calorías por ración: 451
Tiempo de preparación: 10 min
Tiempo de cocción: 15 min

INGREDIENTES

1. **500 g de patatas tempranas lavadas**
2. **4 filetes de atún fresco de unos 175 g cada uno**
3. **100 g de hojas de espinacas baby troceadas**
4. **gajos de lima pasados por la plancha para servir**

DESPENSA

4 cucharadas de aceite de oliva; 2 cucharadas de vinagre balsámico; sal y pimienta negra.

Ensalada de atún a la plancha

■ Ponga las patatas en una olla de vapor sobre agua hirviendo y cocínelas durante 15 minutos o hasta que estén tiernas.

■ Mientras, caliente la plancha. Seque los filetes de atún con papel de cocina y cocínelos en la plancha durante 3 minutos por cada lado si se desean poco hechos, durante 5 minutos si se desean al punto, o durante 8 minutos si se desean bien hechos.

■ Retire las patatas de la olla de vapor. Córtelas por la mitad y póngalas en un bol. Añada las espinacas, el aceite de oliva y el vinagre balsámico. Remuévalo y aderécelo al gusto. Reparta la ensalada en cuatro platos y sirva en cada uno, encima de la ensalada, un filete de atún y un gajo de lima pasado por la plancha para exprimir.

PARA 4 PERSONAS

Calorías por ración: 413
Tiempo de preparación: 5 min
Tiempo de cocción: 20-25 min

INGREDIENTES

1. **4 cucharadas de pasta de curry medio picante**
2. **8 contramuslos de pollo deshuesados, sin piel y cortado en tiras finas**
3. **400 g de tomate triturado en lata**
4. **250 g de brócoli en cogollos pequeños, con los tallos pelados y troceados**
5. **100 g de leche de coco**

DESPENSA

3 cucharadas de aceite de oliva; 1 cebolla cortada en trozos pequeños; sal y pimienta negra.

Pollo al curry

■ Caliente el aceite a fuego medio en una cacerola antiadherente honda. Añada la cebolla y cocínela durante 3 minutos, hasta que quede banca y transparente. Incorpore la pasta de curry y cocínelo todo, removiendo, durante 1 minuto, hasta que desprenda su aroma.

■ Añada el pollo, el tomate y la leche de coco a la cacerola. Póngala a hervir, reduzca el fuego, cúbrala y cocínelo a fuego lento durante 15-20 minutos, añadiendo el brócoli pasados 10 minutos, hasta que el pollo esté hecho.

■ Retire del fuego, salpimiéntelo bien y sírvalo inmediatamente.

PARA 4 PERSONAS

Calorías por ración: 422
Tiempo de preparación: 10 min
Tiempo de cocción: 10 min

INGREDIENTES

1. **4 filetes de trucha o salmón de unos 200 g cada uno**
2. **un buen puñado de albahaca troceada, más unas hojas para decorar**
3. **50 g de queso parmesano recién rallado**
4. **ensalada para servir**

DESPENSA

4 cucharadas de aceite de oliva, más un poco para engrasar; 1 diente de ajo picado; sal y pimienta negra.

Trucha con pesto

■ Unte con aceite una bandeja de horno forrada con papel de aluminio y colóquela bajo el grill precalentado a temperatura alta.

■ Disponga los filetes de pescado sobre la bandeja, salpimiéntelos y ponga la bandeja bajo el grill de nuevo durante 8-10 minutos, hasta que el pescado se dore y se pueda separar fácilmente con un cuchillo.

■ Mientras, ponga la albahaca, el ajo y el aceite en un bol y bátalos con una batidora. Incorpore el queso parmesano.

■ Retire el pescado del grill y dispóngalo en los platos, añada el pesto a los filetes, esparza las hojas de albahaca para decorar y sírvalos con ensalada.

VERSIÓN AFRUTADA

Ponga los filetes de pescado en una rejilla para horno forrada con papel de aluminio, tal como hemos explicado. Mezcle la piel rallada y el zumo de 1 naranja, 1 cucharada de perejil picado y 4 cucharadas de aceite de oliva. Vierta la mezcla sobre los filetes y salpimiéntelos. Cocine bajo el grill hasta que estén dorados y opacos y esparza por encima trocitos de almendra tostada. Sírvalos con ensalada. Calorías por ración: 403

PARA 4 PERSONAS

Calorías por ración: 401
Tiempo de preparación: 10 min más el tiempo para marinar
Tiempo de cocción: 16-20 min

INGREDIENTES

1 **4 pechugas de pollo de 125 g cada una sin piel**

2 **4 cucharadas de pasta o polvo *tandoori***

3 **4 tomates cortados en rodajas finas**

4 **1 manojo de cilantro fresco troceado**

DESPENSA

2 cebollas moradas cortadas en tiras finas; 4 cucharadas de zumo de limón, más gajos de limón pasados por la plancha (opcional) para servir; 4 cucharadas de aceite de oliva; sal y pimienta negra.

Pollo *tandoori* a la plancha

■ Con un cuchillo afilado, haga varios cortes superficiales en las pechugas de pollo y empápelas con la pasta o polvo *tandoori*. Déjelo marinar en la nevera durante toda la noche.

■ Caliente una plancha (o sartén normal). Cocine las pechugas de pollo marinadas durante 8-10 minutos por cada lado, hasta que aparezca el característico color rojizo del *tandoori* y el pollo esté bien hecho.

■ Mezcle las cebollas, los tomates y el cilantro con el zumo de limón y el aceite de oliva y aderécelo en un bol pequeño. Sirva la ensalada con el pollo *tandoori*, acompañado de gajos de limón, pasados por la plancha si lo desea.

PRUÉBELO CON *HARISSA*

Empape el pollo con los cortes superficiales con 4 cucharadas de pasta de *harissa* en lugar de pasta o polvo de *tandoori*. Marínelo y luego fríalo. Ponga 200 g de cuscús a hervir en 400 ml de agua durante 5 minutos. Añada 2 cucharadas de aceite de oliva, 3 cucharadas de cilantro fresco picado y aderécelo. Sírvalo con gajos de limón. Calorías por ración: 402

PARA 2 PERSONAS

Calorías por ración: 417
Tiempo de preparación: 10 min
Tiempo de cocción: 15 min

INGREDIENTES

1 **400 g de garrofones cocidos**

2 **200 g de hojas de espinacas baby**

3 **4 huevos batidos**

4 **50 g de queso ricota**

DESPENSA

1 cucharadita de aceite de oliva; 1 cebolla cortada en tiras; sal y pimienta negra (opcional).

Frittata de espinacas y ricota

■ Caliente el aceite en una sartén de tamaño medio, añada la cebolla y fríala durante 3-4 minutos, hasta que quede blanda. Añada los garrofones y las espinacas y caliéntelos ligeramente durante 2-3 minutos, hasta que las espinacas queden reducidas.

■ Vierta los huevos en la sartén, añada la ricota con una cuchara y salpimiéntelo si lo desea. Cocine hasta que el huevo esté casi hecho y coloque la sartén bajo el grill durante 1-2 minutos, hasta que la *frittata* se dore y esté bien hecha.

PARA 6 PERSONAS

Calorías por ración: 476
Tiempo de preparación: 15 min
Tiempo de cocción: entre 1 h 45 min y 2 h 15 min

INGREDIENTES

1. 12 muslos grandes de pollo
2. 6 cucharadas de citronela picada
3. 1 tallo de citronela cortado a lo largo por la mitad
4. 1 guindilla roja troceada o picada
5. 2 cucharadas de pasta de curry medio picante

DESPENSA

1 cucharada de aceite de girasol; 1 cebolla cortada en trozos pequeños; 4 dientes de ajo picados; 1 cucharada de azúcar de palma o moreno; 250 ml de caldo de pollo; sal y pimienta negra.

Pollo con citronela

■ Caliente el aceite en una cazuela grande de base gruesa y dore los muslos de pollo uniformemente durante 5-6 minutos. Retire el pollo con una rasera y resérvelo.

■ Añada la cebolla a la cazuela y saltéela a fuego lento durante 10 minutos. Añada los ajos, la citronela, la guindilla y la pasta de curry y saltéelo durante 1-2 minutos.

■ Vuelva a poner el pollo en la cazuela con el azúcar de palma y el caldo. Póngalo a hervir, condiméntelo y tape bien la cazuela. Cocínelo todo en un horno precalentado a 140 °C entre 1 hora y media y 2 horas o hasta que el pollo esté tierno. Sáquelo del horno y sírvalo inmediatamente.

PARA 4 PERSONAS

Calorías por ración: 435
Tiempo de preparación: 10-15 min
Tiempo de cocción: 35 min

INGREDIENTES

1. 4 pimientos rojos sin semillas y cortados en trozos
2. 60 g de nueces picadas
3. 300 g de *pappardelle* de huevo fresco
4. 25 g de virutas de queso parmesano

DESPENSA

2 cucharaditas de aceite de oliva; 3-4 dientes de ajo cortados en trocitos pequeños; sal y pimienta negra.

Pappardelle con pimiento y nueces

■ Ponga los pimientos en una bandeja de horno, con la parte de la piel hacia arriba. Rocíelos con media cucharadita de aceite de oliva y cocínelos bajo el grill precalentado hasta que la piel empiece a oscurecerse. Cúbralos con papel de cocina húmedo. Cuando los pimientos estén lo bastante fríos para manipularlos, sáqueles la piel.

■ Reserve cuatro trozos de pimientos para decorar y corte el resto en dados grandes.

■ Caliente el resto de aceite de oliva en una sartén grande a fuego lento-medio, añada los trocitos de ajo pero sin dejar que se doren. Incorpore los dados de pimiento y las nueces y remuévalo. Manténgalo caliente.

■ Ponga a hervir una cacerola grande con agua y un poco de sal. Añada la pasta, vuelva a hervir y cocínela 3-4 minutos o hasta que la pasta esté al dente. Escúrrala y póngala en un bol grande caliente.

■ Remueva bien la pasta con la mezcla de ajo, pimiento y nueces. Esparza por encima las virutas de parmesano y decórelo con los trozos de pimiento que había reservado.

PARA 4 PERSONAS

Calorías por ración: 428
Tiempo de preparación: 10 min
Tiempo de cocción: 25 min

INGREDIENTES

1. **300 g de arroz para *risotto***
2. **150 ml de vino blanco seco**
3. **125 g de queso crema ligero**
4. **125 g de salmón ahumado troceado**
5. **4 cucharadas de hierbas picadas (como cebollino, perejil o eneldo)**

DESPENSA

2 cucharaditas de aceite de oliva; 1 cebolla cortada en trozos pequeños; 2 dientes de ajo picados; 900 ml de caldo de verduras; sal y pimienta negra.

Risotto de salmón ahumado

■ Caliente el aceite en una cacerola grande, añada la cebolla y los ajos y fríalos durante 2-3 minutos, hasta que empiecen a ablandarse.

■ Incorpore el arroz, remueva y siga cocinándolo durante 1 minuto. Añada el vino y cocínelo, removiendo, hasta que se absorba todo.

■ Reduzca el fuego y vaya añadiendo el caldo poco a poco, sin dejar de remover, de manera que cada vez que añada caldo éste se absorba antes de volver a echar un poco más. Siga el proceso hasta que se absorba todo el caldo.

■ Incorpore el queso crema, el salmón ahumado y las hierbas, salpimiéntelo al gusto y sírvalo.

ALGO ESPECIAL

PARA 6 PERSONAS

Calorías por ración: 150
Tiempo de preparación: 10 min
Tiempo de cocción: 6 min

INGREDIENTES

1. **200 g de espárragos trigueros sin los extremos leñosos**
2. **3 cucharadas de avellanas picadas**
3. **1 cucharadita de mostaza Dijon**
4. **12 huevos de codorniz**
5. **250 g de salmón ahumado**

DESPENSA

4 cucharaditas de aceite de oliva; el zumo de 1 limón; sal y pimienta negra.

Espárragos con salmón ahumado

■ Ponga los espárragos en una olla de vapor sobre agua hirviendo, cúbralos y cocínelos hasta que estén tiernos.

■ Mientras, ponga las avellanas en una plancha forrada con papel de aluminio y colóquela bajo el grill precalentado hasta que queden ligeramente doradas. En un bol, mezcle con cuidado el aceite, el zumo de limón y la mostaza con un poco de sal y pimienta y a continuación incorpore las avellanas calientes. Manténgalo caliente.

■ Vierta agua en una cacerola hasta cubrir 4 cm y póngala a hervir. Con una rasera, añada los huevos al agua y cocínelos durante 1 minuto. Retire la cacerola del fuego y deje reposar los huevos durante 1 minuto. Escúrralos, enfríelos bajo un chorro de agua fría y escúrralos de nuevo.

■ Corte el salmón en tiras y repártalas en seis platos. Haga lo mismo con los espárragos, parta los huevos de codorniz por la mitad, dejando la cáscara si se desea, y dispóngalos encima del salmón y los espárragos. Vierta en los platos el aliño de avellanas caliente y añada un poco de pimienta para servir.

PARA 6 PERSONAS

Calorías por ración: 403
Tiempo de preparación: 20 min
Tiempo de cocción: 15 min

INGREDIENTES

1. **3 pechugas de pato de 225 g cada una**
2. **300 g de judías verdes despuntadas**
3. **3 clementinas peladas y troceadas, más el zumo de 2 clementinas**
4. **200 g de espinacas o *tatsoi***

DESPENSA

1 cucharada de vinagre de vino blanco; 4 cucharadas de aceite de oliva; sal y pimienta negra.

Ensalada de pato y clementina

■ Ponga las pechugas de pato, con la parte de la piel hacia abajo, en una fuente refractaria y cocínelas a fuego medio durante 6 minutos o hasta que la piel se dore y quede crujiente. Deles la vuelta y cocínelas durante 2 minutos más. Ponga el pato en un horno precalentado a 180 °C y cuézalo durante 5 minutos, hasta que esté bien hecho. Reitre las pechugas de pato del horno, cúbralas con papel de aluminio y déjelas reposar.

■ Mientras, escalde las judías verdes en agua hirviendo con un poco de sal durante 2 minutos, hasta que estén cocidas, procurando que todavía estén duras y de color verde vivo. Escúrralas y enfríelas en agua fría. Ponga las judías en un cuenco de ensalada grande con los trozos de clementina.

■ Para hacer el aliño, bata el zumo de clementina, el vinagre y el aceite en un bol pequeño. Salpimiéntelo al gusto si lo desea.

■ Añada las espinacas o el *tatsoi* a las judías y los trozos de clementina, vierta el aliño y mézclelo bien. Corte la carne de pato, combínela con la ensalada y sírvala inmediatamente.

PARA 1 PERSONA

Calorías por ración: 127
Tiempo de preparación: 15 min más el tiempo para marinar y enfriar
Tiempo de cocción: 15 min

INGREDIENTES

1. **1 filete de bacalao, abadejo o merluza de 125 g**
2. **1 cucharada de hojas de cilantro frescas**
3. **1 guindilla verde sin semillas y troceada**
4. **2 cucharaditas de yogur natural**

DESPENSA

2 cucharaditas de zumo de limón; 1 diente de ajo; un cuarto de cucharadita de azúcar.

Paquetitos de pescado, guindilla y cilantro

■ Coloque el pescado en una fuente no metálica y rocíelo con el zumo de limón. Cúbralo y déjelo marinar en la nevera durante 15-20 minutos.

■ Triture el cilantro, el ajo y la guindilla en un robot de cocina o batidora hasta que la mezcla forme una pasta. Añada el azúcar y el yogur y triture un poco para que se mezclen.

■ Extienda el pescado sobre papel de aluminio y cúbralo por las dos caras con la pasta. Forme un hatillo sin apretar y gírelo para sellarlo. Devuélvalo a la nevera durante al menos 1 hora.

■ Coloque el paquetito en una bandeja de horno y cuézalo en un horno precalentado a 200 °C durante 15 minutos, hasta que el pescado esté hecho.

PARA 4 PERSONAS

Calorías por ración: 424
Tiempo de preparación: 10 min
Tiempo de cocción: hasta 45 min

INGREDIENTES

1. **750 g de lomo de ciervo cortado desde la pierna**
2. **2 cucharadas de bayas de enebro picadas**
3. **1 clara de huevo ligeramente batida**
4. **400 g de judías verdes**

DESPENSA

75 g de mezcla de granos de pimienta picados; sal y pimienta negra.

Lomo de ciervo en costra de pimienta

■ Asegúrese de que el ciervo cabe en su plancha; si es necesario, corte el lomo por la mitad.

■ Mezcle los granos de pimienta, las bayas de enebro y un poco de sal en un plato hondo. Remoje el ciervo en la clara de huevo y hágalo rodar por la mezcla de granos de pimienta hasta cubrirlo uniformemente.

■ Cocine el ciervo bajo el grill precalentado durante 4 minutos por cada uno de los cuatro lados, girándolo cuidadosamente para que la costra no se mueva. Pase el lomo a una bandeja para horno ligeramente engrasada y cocínelo en un horno precalentado a 200 °C durante otros 15 minutos si se desea la carne poco hecha o hasta 30 minutos si se desea bien hecha (el tiempo dependerá del grosor del lomo).

■ Deje el ciervo reposar unos minutos, córtelo en medallones gruesos y sírvalos con judías verdes y chips de boniato, si lo desea.

PARA 4 PERSONAS

Calorías por ración: 399
Tiempo de preparación: 10 min
Tiempo de cocción: 10 min

INGREDIENTES

1. **4 filetes de pez espada de 150 g cada uno**
2. **4-5 tomates pequeños maduros**
3. **16 aceitunas kalamata en escabeche escurridas**
4. **2 cucharadas de perejil de hoja plana picado**
5. **200 g de cuscús**

DESPENSA

Sal y pimienta negra.

Pez espada con cuscús y tomates

■ Salpimiente los filetes de pez espada.

■ Corte los tomates en cuartos o dados y póngalos en un bol con todo su jugo. Saque el hueso de las aceitunas y píquelas si los trozos que queden siguen siendo grandes. Júntelas con los tomates y añada el perejil; condiméntelo al gusto y resérvelo.

■ Cocine el cuscús según las instrucciones del envase y resérvelo.

■ Mientras, cocine los filetes de pez espada, de dos en dos, en una plancha precalentada, durante 4 minutos sin tocarlos, deles la vuelta y cocínelos durante 1 minuto más.

■ Sirva el pez espada y el cuscús inmediatamente con la salsa de tomate y aceitunas a un lado.

PARA 4 PERSONAS

Calorías por ración: 293
Tiempo de preparación: 10 min
Tiempo de cocción: 20 min

INGREDIENTES

1 **2 latas o botes de 400 g de alubias blancas cocidas, enjuagadas y escurridas**

2 **2 cucharadas de perejil picado, más algún ramito para decorar**

3 **16 puerros baby**

4 **16 vieiras grandes sin concha**

DESPENSA

2 dientes de ajo; 200 ml de caldo de verduras; 2 cucharaditas de aceite de oliva; 3 cucharadas de agua.

Vieiras con puré de alubias blancas

■ Ponga las alubias, los ajos y el caldo en una cacerola, llévelo a ebullición y cocínelo a fuego lento durante 10 minutos. Retire la cacerola del fuego, escurra el exceso de líquido, páselo por un pasapuré e incorpore el perejil. Manténgalo caliente.

■ Caliente la mitad del aceite en una sartén antiadherente, añada los puerros y fríalos durante 2 minutos, luego añada tres cucharadas de agua. Cúbralos y cocínelos a fuego lento durante 5-6 minutos, hasta que estén tiernos.

■ Mientras, caliente el resto del aceite en una sartén pequeña, añada las vieiras y fríalas durante 1 minuto por cada lado. Sírvalas con el puré de alubias y los puerros.

PARA 4 PERSONAS

Calorías por ración: 302 (sin el arroz integral)
Tiempo de preparación: 15 min
Tiempo de cocción: unos 30 min

INGREDIENTES

1. **1 pimiento rojo sin semillas y cortado por la mitad**
2. **8 aceitunas negras deshidratadas sin hueso**
3. **2 cucharaditas de alcaparras**
4. **8 chalotas peladas**
5. **4 filetes de buey de unos 150 g cada uno**

DESPENSA

2 dientes de ajo; 1 cucharada de aceite de oliva; 50 ml de vinagre balsámico; 1 cucharadita de azúcar mascabado claro; sal y pimienta negra.

Solomillo de buey con costra de pimiento rojo

■ Cocine el pimiento bajo el grill precalentado hasta que la piel se oscurezca. Retírelo y cúbralo con papel de cocina húmedo hasta que se enfríe lo bastante para manipularlo, luego pélelo y trocéelo bien pequeño.

■ Mezcle los dientes de ajo, las aceitunas, una cucharadita de aceite, las alcaparras y los trocitos de pimiento rojo.

■ Ponga las chalotas y el resto de aceite en una sartén pequeña. Cúbralas y cocínelas a fuego lento, removiendo con frecuencia, durante 15 minutos. Añada el vinagre y el azúcar y cocínelo sin tapa, removiendo con frecuencia, durante otros 5 minutos.

■ Aderece los filetes y cocínelos, de dos en dos, en una sartén de base gruesa o plancha precalentada. Cocínelos de un lado y páselos a una bandeja de horno. Cubra cada filete con un poco de la mezcla de pimientos. Cuézalos en un horno precalentado a 200 °C durante 5 minutos o al gusto. Déjelos reposar en caliente durante 5 minutos antes de servirlos con las chalotas y arroz integral al vapor, si se desea.

PRUÉBELO CON CHAMPIÑONES

Mezcle 350 g de champiñones troceados con 2 dientes de ajo picados, 1 cebolla troceada, 1 cucharada de aceite de oliva y aderezo. Cocínelo como hemos explicado durante 10 minutos o hasta que quede reducido a un concentrado. Añada el zumo de medio limón, 2 cucharadas de perejil fresco picado y un chorrito de brandy, y cocínelo 5 minutos más. Cocine los filetes como hemos explicado y cúbralos con la mezcla de champiñones. Calorías por ración: 271

PARA 4 PERSONAS

Calorías por ración: 499
Tiempo de preparación: 5 min
Tiempo de cocción: 10 min

INGREDIENTES

1. **4 filetes de salmón de unos 200 g cada uno**
2. **1 cucharadita y media de semillas de comino picadas**
3. **1 cucharadita de pimentón ahumado o normal**
4. **2 calabacines cortados en láminas finas**

DESPENSA

3 cucharadas de azúcar mascabado claro; 2 dientes de ajo picados; 1 cucharada de vinagre de vino blanco; 3 cucharadas de aceite de cacahuete; sal y pimienta negra; gajos de limón para servir.

Salmón con azúcar y especias

■ Ponga los filetes de salmón en una bandeja de horno ligeramente untada con aceite. Mezcle en un bol el azúcar, el ajo, una cucharadita de semillas de comino, el pimentón, el vinagre y una pizca de sal y esparza la mezcla por encima del pescado de manera que quede cubierto por una fina capa. Rocíelo con una cucharada de aceite.

■ Cuézalo en un horno precalentado a 220 °C durante 10 minutos o hasta que el pescado esté bien hecho.

■ Mientras, caliente lo que queda de aceite en una sartén grande, añada el resto de semillas de comino picadas y fríalas durante 10 segundos. Incorpore las láminas de calabacín, salpimiéntelas y saltéelas durante 2-3 minutos, hasta que se ablanden.

■ Dispóngalas en los platos, sirva el salmón encima y decórelo con gajos de limón.

PARA 2 PERSONAS

Calorías por ración: 490
Tiempo de preparación: 10 min
Tiempo de cocción: 9 min

INGREDIENTES

1 **1,5 kg de mejillones pequeños**

2 **150 ml de sidra seca**

3 **100 g de nata para cocinar**

4 **2 cucharadas de perejil picado**

DESPENSA

2 dientes de ajo picados; 1 cebolla troceada; sal y pimienta negra.

Mejillones con sidra

■ Limpie los mejillones meticulosamente y colóquelos en una sartén grande con los ajos, la cebolla troceada y la sidra. Póngalo a hervir, cúbralo y cocínelo a fuego medio durante 4-5 minutos, hasta que las valvas se abran. Descarte los mejillones que queden cerrados.

■ Escurra los mejillones en un colador y póngalos en un bol grande. Cúbralo con papel de aluminio y colóquelo en el horno a temperatura muy baja para mantenerlos calientes.

■ Cuele el jugo que ha quedado en una sartén limpia y hiérvalo. Incorpore la nata y cuézalo a fuego lento durante 3-4 minutos o hasta que se espese un poco. Salpimiéntelo al gusto.

■ Vierta la salsa encima de los mejillones, esparza el perejil y sírvalos inmediatamente.

SABORES ASIÁTICOS

Limpie los mejillones y póngalos en una sartén grande con 2 dientes de ajo picados, 2 cucharaditas de raíz de jengibre fresca rallada, 1 cebolla cortada en trozos pequeños y 1 guindilla troceada. Añada un chorro de agua y cocínelo como hemos explicado. Escurra los mejillones y manténgalos calientes. Cuele el jugo de la sartén y póngalo en una sartén limpia. Incorpore 100 g de crema de coco y caliéntelo. Viértalo encima de los mejillones y sírvalos decorados con cilantro fresco picado. Calorías por ración: 314

PARA 4 PERSONAS

Calorías por ración: 411
Tiempo de preparación: 5 min
Tiempo de cocción: 15-20 min

INGREDIENTES

1. 4 pechugas de pollo deshuesadas sin piel, de unos 200 g cada una
2. 150 ml de zumo de naranja recién exprimido, más 1 naranja pequeña troceada
3. 2 cucharadas de menta picada
4. 1 cucharada de mantequilla
5. 200 g de cuscús

DESPENSA

3 cucharadas de aceite de oliva; sal y pimienta negra.

Pollo con naranja y menta

■ Salpimiente las pechugas de pollo al gusto. Caliente el aceite en una sartén antiadherente grande, añada las pechugas de pollo y cocínelas a fuego medio, por los dos lados, durante 4-5 minutos o hasta que se doren.

■ Vierta el zumo de naranja, añada los trozos de naranja y cocínelo a fuego lento. Cúbralo bien, reduzca el fuego un poco más y cocínelo durante unos 8-10 minutos o hasta que el pollo esté bien hecho. Añada la menta picada y la mantequilla y remuévalo para mezclarlo todo bien. Cocínelo a fuego alto, removiendo, durante 2 minutos. Sírvalo inmediatamente con cuscús.

PARA 4 PERSONAS

Calorías por ración: 302
Tiempo de preparación: 10 min
Tiempo de cocción: 6-8 min

INGREDIENTES

1. **12 sardinas limpias y destripadas**
2. **2 cucharadas de *harissa***
3. **cilantro picado para decorar**

DESPENSA

2 cucharadas de aceite de oliva; el zumo de 1 limón, más gajos de limón para servir; sal gorda y pimienta negra.

Sardinas al estilo marroquí

■ Caliente el grill a la máxima potencia. Limpie las sardinas y séquelas cuidadosamente con papel de cocina. Con un cuchillo afilado, haga varios cortes profundos en los dos lados de las sardinas.

■ Mezcle la *harissa* con el aceite y el zumo de limón y haga una pasta. Cubra con ella las sardinas por los dos lados. Ponga las sardinas en una bandeja de horno ligeramente untada con aceite y cocínelas bajo el grill durante 3-4 minutos por cada lado, dependiendo de su tamaño, o hasta que estén bien hechas. Aderécelas al gusto con sal gorda y pimienta y sírvalas inmediatamente decoradas con cilantro y gajos de limón para exprimir.

CON PESTO

Forre una bandeja de horno mediana y coloque 2 tomates cortados en rodajas y dos cebollas cortadas en tiras. Prepare las sardinas como hemos explicado, cúbralas con el pesto en vez de con la pasta *harissa* y dispóngalas en una capa sobre el tomate y la cebolla. Cúbralo con papel de aluminio y cuézalo en un horno precalentado a 200 °C durante 20-25 minutos o hasta que el pescado esté bien hecho. Calorías por ración: 375

PARA 6 PERSONAS

Calorías por ración: 148
Tiempo de preparación: 20 min
Tiempo de cocción: 4-7 min

INGREDIENTES

1. **2 filetes de buey gruesos, unos 500 g en total**
2. **200 g de yogur natural**
3. **1 o 1,5 cucharadita de salsa de rábano picante (al gusto)**
4. **150 g de hojas de mezclum**
5. **100 g de champiñones troceados**

DESPENSA

3 cucharaditas de mezcla de granos de pimienta picados; sal gorda; 1 diente de ajo picado; 1 cebolla morada cortada en trozos pequeños; 1 cucharada de aceite de oliva; sal y pimienta negra.

Buey a la pimienta con ensalada

■ Descarte la grasa de los filetes y reboce la carne con los granos de pimienta picados y la sal gorda.

■ Mezcle el yogur, la salsa de rábano picante y el ajo y salpimiéntelo al gusto. Añada las hojas de ensalada, los champiñones y gran parte de la cebolla morada y remuévalo cuidadosamente.

■ Caliente el aceite en una sartén, añada los filetes y cocínelos a fuego vivo 2 minutos, hasta que se doren. Deles la vuelta y cocínelos 2 minutos más si desea la carne poco hecha, 3-4 minutos si la desea al punto o 5 minutos si la desea bien hecha.

■ Con una cuchara, sirva las hojas de ensalada en el centro de seis platos. Filetee la carne y coloque los trozos en la ensalada. Añada el resto de cebolla.

PARA 4 PERSONAS

Calorías por ración: 475
Tiempo de preparación: 12 min más el tiempo para marinar
Tiempo de cocción: 8 min

INGREDIENTES

1 **1 huevo ligeramente batido**

2 **500 g de pechugas de pollo deshuesadas y sin piel, cortadas en tiras de 5 mm**

3 **1 cebolla tierna, cortada diagonalmente en trozos de 1,5 cm**

4 **160 g de arroz largo**

DESPENSA

2 dientes de ajo troceados; 2 trozos pequeños de piel de limón, más el zumo de 1 limón; 2 cucharadas de maicena; 1 cucharada de aceite de oliva; rodajas de limón para decorar.

Pollo al limón bajo en grasas

■ Mezcle el huevo, los dientes de ajo y la piel de limón en un plato hondo, añada el pollo y déjelo marinar durante 10-15 minutos.

■ Retire la piel de limón y añada la maicena al pollo marinado. Mézclelo todo para distribuir la maicena uniformemente entre los trozos de pollo.

■ Caliente el aceite a fuego vivo en un wok hasta que empiece a brillar. Añada los trozos de pollo, sin que se peguen, y fríalos durante 2 minutos por cada lado.

■ Reduzca a fuego medio y saltee el pollo durante 1 minuto más o hasta que se dore y esté bien hecho. Suba el fuego y vierta el zumo de limón. Añada la cebolla tierna, decórelo con las rodajas de limón y sirva el pollo inmediatamente con arroz hervido.

PARA 4 PERSONAS

Calorías por ración: 308 (sin la pasta)
Tiempo de preparación: 10 min
Tiempo de cocción: 10 min

INGREDIENTES

1. **4 filetes de cordero, de unos 125 g cada uno, sin grasa**
2. **6 cucharadas de perejil de hoja plana picado, más algún ramito para decorar**
3. **12 tomates secos**
4. **2 cucharadas de alcaparrones escurridos**

DESPENSA

1 diente de ajo picado; 1 cucharada de zumo de limón; 1 cucharada de aceite de oliva; sal y pimienta negra.

Cordero al grill con alcaparrones

■ Aderece la carne y cocínela bajo el grill precalentado durante 5 minutos aproximadamente por cada lado, hasta que se dore.

■ Reserve cuatro cucharadas de perejil picado. Mezcle el resto del perejil con el ajo, los tomates, el zumo de limón y el aceite.

■ Con una cuchara, cubra el cordero con la salsa de tomate. Esparza por encima el perejil picado que había reservado y añada los alcaparrones. Decórelo con ramitos enteros de perejil y sírvalo con pasta, si lo desea.

PRUÉBELO CON *TAPENADE*

Use *tapenade* de aceituna negra en lugar de la salsa de tomate y mézclela con el perejil. Para hacer la *tapenade* casera, triture en un robot de cocina 150 g de aceitunas negras deshuesadas, 3 cucharadas más de aceite de oliva, 1 diente de ajo, 2 anchoas saladas y pimienta negra y añada perejil de hoja plana picado al gusto. Calorías por ración (con la carne): 357

Calamares con coco y limón

PARA 2 PERSONAS

Calorías por ración: 452
Tiempo de preparación: 15 min
Tiempo de cocción: 5 min

INGREDIENTES

1. **10-12 calamarcitos, unos 375 g limpios**
2. **2 guindillas rojas sin semillas y picadas**
3. **1 trozo de raíz de jengibre fresca de 2,5 cm, pelada y rallada**
4. **100 g de coco recién rallado**
5. **hojas de mezclum para servir**

DESPENSA

4 limones cortados por la mitad, más un poco de piel rallada y el zumo de 2 limones; 4 cucharadas de aceite de cacahuete; 1-2 cucharadas de aceite picante; 1 cucharada de vinagre de vino blanco.

■ Haga un corte lateral en las piezas de calamar para abrirlas y dispóngalas planas en una tabla de picar. Con un cuchillo afilado, haga cortes superficiales entrecruzados por la parte interior.

■ Mezcle el zumo de limón, las guindillas, el jengibre, el coco, los aceites y el vinagre. Remueva los calamares con la mitad del aliño hasta que queden bien cubiertos.

■ Caliente una plancha hasta que eche humo, añada los limones con la parte del corte hacia abajo y cocínelos durante 2 minutos, hasta que estén bien tostados. Retírelos de la plancha y resérvelos. Mantenga la plancha muy caliente, añada las piezas de calamar y cocínelas durante 1 minuto. Gírelas y cocínelas durante 1 minuto más o hasta que se vuelvan blancas, pierdan transparencia y queden tostadas.

■ Ponga los calamares en una tabla de picar y córtelos en tiras. Añádales el resto del aliño y sírvalos inmediatamente con el limón y las hojas de mezclum.

ALGO DULCE

PARA 12 PERSONAS

Calorías por ración: 282
Tiempo de preparación: 1 min
Tiempo de cocción: 4 min

INGREDIENTES

1 120 g de granos de maíz

2 250 g de mantequilla

3 2 cucharadas de cacao en polvo

DESPENSA

250 g de azucar mascabado claro.

Palomitas de caramelo y chocolate

■ Ponga los granos de maíz en un bol grande tapado y cocínelos en el microondas a alta potencia (900 vatios) durante 4 minutos. Como alternativa, puede cocinarlos en una sartén con tapa a fuego medio, durante unos minutos, hasta que los granos de maíz exploten.

■ Mientras, caliente ligeramente en una sartén la mantequilla, el azúcar mascabado y el cacao en polvo, hasta que el azúcar se disuelva y la mantequilla se derrita.

■ Incorpore las palomitas calientes a la mezcla y sírvalas.

CON *TOFFEE*

No utilice el azúcar mascabado ni el cacao en polvo. Haga las palomitas en el microondas tal como hemos explicado, y luego caliente ligeramente en una sartén 150 g de *toffee*, 125 g de mantequilla, 125 g de malvaviscos y 50 g de chocolate, hasta que todo se derrita. Sirva las palomitas como hemos explicado.
Calorías por ración: 341

PARA 4 PERSONAS

Calorías por ración: 177
Tiempo de preparación: 5 min

INGREDIENTES

1. 300 g de frambuesas troceadas
2. 4 galletas de mantequilla desmenuzadas
3. 400 g de queso fresco ligero en crema

DESPENSA

2 cucharadas de azúcar glas o edulcorante artificial.

Delicia de galletas de mantequilla y frambuesa

■ Reserve algunas frambuesas para decorar y mezcle todos los ingredientes en un bol. Con una cuchara, distribuya la mezcla en cuatro platitos.

■ Sírvalos inmediatamente decorados con las frambuesas.

LA VERSIÓN INGLESA: *ETON MESS*

Necesitará 4 nidos de merengue y 300 g fresas. Corte las fresas por la mitad o en cuartos y añádalas al queso fresco en crema con el azúcar o edulcorante. Rompa los merengues en trozos e incorpórelos al queso fresco; póngalo en vasos y sírvalo. Calorías por ración: 143

PARA 2 PERSONAS

Calorías por ración: 131
Tiempo de preparación: 10 min más el tiempo para reposar
Tiempo de cocción: 1-2 min

INGREDIENTES

1 **medio mango pelado, deshuesado y cortado en rodajas finas**

2 **1 maracuyá cortado por la mitad y con la pulpa separada de la piel**

3 **150 g de yogur natural desnatado**

4 **100 g de crema fresca**

5 **unas gotas de extracto de vainilla**

DESPENSA

Media cucharada de azúcar glas; 1 cucharada de azúcar demerara.

Crème brûlée de mango y maracuyá

■ Reparta las rodajas de mango a partes iguales en dos ramequines.

■ En un bol, mezcle el maracuyá, el yogur, la crema fresca, el azúcar glas y el extracto de vainilla, luego, con una cuchara, disponga la mezcla sobre las rodajas de mango. Llene cada ramequín hasta el borde.

■ Esparza por encima el azúcar demerara y cocine los ramequines bajo el grill precalentado durante 1-2 minutos, hasta que el azúcar se derrita. Déjelos enfriar unos 30 minutos antes de servir.

PARA 4 PERSONAS

Calorías por ración: 112
Tiempo de preparación: 5 min más el tiempo para reposar

INGREDIENTES

1. **2 plátanos maduros**
2. **15 g de jengibre confitado en trozos pequeños, más un poco para decorar**
3. **150 g de yogur natural desnatado**

DESPENSA

El zumo de medio limón; 8 cucharaditas de azúcar mascabado oscuro.

Crema de plátano y azúcar mascabado

■ Mezcle el plátano con un poco de zumo de limón y aplástelo en un plato con un tenedor. Añada el jengibre y el yogur y mézclelo todo. Con una cuchara, ponga una tercera parte de la mezcla en la base de cuatro vasos pequeños de postre.

■ Esparza una cucharadita de azúcar sobre cada vaso. Con una cuchara, disponga la mitad del resto de la mezcla de plátano en cada uno y repita con una segunda capa de azúcar. Complete las capas con la mezcla de plátano restante y decore los vasos con un poco de jengibre cortado en trozos un poco más grandes.

■ Deje reposar la crema durante unos 10-15 minutos para que el azúcar se disuelva y forme una capa de sirope entre las capas de yogur y plátano. Sírvalos inmediatamente.

PARA 9 PORCIONES

Calorías por ración: 204
Tiempo de preparación: 10 min
Tiempo de cocción: 30 min

INGREDIENTES

1. 125 g de margarina de girasol baja en grasas
2. 2 huevos
3. 50 g de cacao tamizado, más un poco para decorar
4. 50 g de chocolate negro troceado
5. 1 cucharadita de extracto de cacao

DESPENSA

125 g de azúcar moreno claro; 75 g de harina con levadura; sal.

Brownie de chocolate

■ Forre con papel vegetal un molde de pastel de 18 cm cuadrado y hondo y úntelo con mantequilla.

■ Bata la margarina de girasol, los huevos y el azúcar. Incorpore la harina y el cacao, luego añada el chocolate y el extracto de cacao. Incorpore 1 cucharadita de agua hirviendo y una pizca de sal.

■ Pase la mezcla al molde preparado y cuézalo en un horno precalentado a 190 °C durante 30 minutos o hasta que al clavar un pincho en el centro éste salga limpio. Déjelo enfriar en el molde y luego córtelo en 9 cuadrados. Espolvoréelos con un poco de cacao en polvo para servir.

PARA 24 PORCIONES

Calorías por trozo: 201
Tiempo de preparación: 25 min más el tiempo para enfriar
Tiempo de cocción: 55 min

INGREDIENTES

1. **200 g de mantequilla ligeramente salada ablandada y un poco más para engrasar**
2. **225 g de dátiles sin hueso troceados**
3. **150 ml de nata para montar**
4. **2 cucharaditas de pasta de vainilla pura**
5. **3 huevos**

DESPENSA

150 ml de agua; 175 g de azúcar mascabado claro; 100 g de azúcar caster; 175 g de harina con levadura; media cucharadita de levadura en polvo.

Dulces de caramelo y dátiles

■ Forre un molde hondo de 28 x 18 cm con papel de horno antiadherente y úntelo con matequilla. Ponga 125 g de dátiles en una sartén con el agua y llévelo a ebullición. Reduzca el fuego y cocínelo durante 5 minutos o hasta que los dátiles estén carnosos. Póngalos en un bol y déjelos enfriar. Ponga la nata, el azúcar mascabado y 75 g de mantequilla en una sartén pequeña y caliéntela ligeramente hasta que al azúcar se disuelva. Hiérvalo durante 5 minutos o hasta que la mezcla se espese y caramelice. Déjelo enfriar.

■ Ponga el resto de la mantequilla en un bol con el azúcar caster, la pasta de vainilla y los huevos, añada la harina tamizada y la levadura en polvo y bátalo todo con una batidora eléctrica hasta que la mezcla quede cremosa y de color claro. Bátala junto con los dátiles cocidos y 100 ml de la mezcla de caramelo. Póngalo en el molde y alise la superficie. Esparza el resto de dátiles por encima.

■ Cuézalo en un horno precalentado a 180 °C durante 25 minutos, o hasta que esté firme al tacto. Con una cuchara, cubra la superficie con el resto de caramelo y devuélvalo al horno durante 15 minutos más, hasta que el caramelo se endurezca. Páselo a una rejilla y déjelo enfriar.

PARA 12 BARRITAS

Calorías por barrita: 240
Tiempo de preparación: 10 min más el tiempo para enfriar
Tiempo de cocción: 3 min

INGREDIENTES

1. 200 g de chocolate con leche troceado
2. 2 cucharadas de sirope dorado o melaza
3. 50 g de mantequilla o margarina más un poco para untar el molde
4. 125 g de copos de cereales

Barritas de cereales con chocolate

■ Derrita el chocolate en un bol al baño María con el sirope dorado y la mantequilla.

■ Incorpore al bol los copos de cereales y mézclelo todo bien.

■ Unte con mantequilla un molde de 28 x 18 cm. Vierta la mezcla en el molde y déjelo enfriar hasta que quede consistente y luego córtelo en doce barritas.

PARA 10 BOLLOS

Calorías por bollo: 345
Tiempo de preparación: 25 min más el tiempo para que la masa suba
Tiempo de cocción: 12-15 min

INGREDIENTES

1 **1 cucharada de levadura deshidratada de acción rápida**

2 **25 g de mantequilla ligeramente salada, derretida**

3 **300 ml de leche un poco caliente, o más si fuera necesario**

4 **2 cucharaditas de extracto de vainilla**

5 **colorante de color rosa**

DESPENSA

500 g de harina de fuerza; 50 g de azúcar caster; 300 g de pasta de azúcar fondant.

Bollos glaseados

■ Mezcle la harina, el azúcar caster y la levadura en un bol. Añada la mantequilla, la leche y la vainilla y remuévalo hasta obtener una masa blanda. Vaya añadiendo un poco más de leche o agua caliente si la masa queda seca. Amase durante 10 minutos sobre una superficie espolvoreada con harina, hasta que la masa quede homogénea y elástica. Póngala en un bol ligeramente untado con aceite, cúbralo con papel film y deje que suba en un lugar caliente durante 1 hora o hasta que haya doblado su tamaño.

■ Golpee la masa para desinflarla y divídala en diez piezas del mismo tamaño sobre una superficie espolvoreada con harina. Moldee cada pieza en forma de salchicha y dispóngalas, bien separadas, sobre una bandeja de horno untada con mantequilla. Cúbralas sin apretar con papel film untado con mantequilla y deje que suban durante 30 minutos.

■ Cuézalas en un horno precalentado a 200 °C durante 12-15 minutos, hasta que suban y se doren un poco (ponga una fuente con 1,5 cm de agua caliente en la parte inferior del horno para evitar que se forme una costra dura). Coloque los bollos en una rejilla y déjelos enfriar.

■ Para hacer el glaseado, tamice el azúcar glas en un bol y bátalo lentamente añadiendo agua a cucharaditas, hasta obtener un glaseado uniforme fácil de untar. Unte la superficie de cinco de los bollos con el glaseado. Añada una pizca de colorante rosa al resto del glaseado y espárzalo por encima del resto de bollos. Se recomienda comerlos recién hechos.

PARA 30 MAGDALENAS

Calorías por magdalena: 80
Tiempo de preparación: 20 min más el tiempo para reposar
Tiempo de cocción: 30 min

INGREDIENTES

1. **125 g de mantequilla ligeramente salada, derretida, más un poco para untar el molde**
2. **2 cucharaditas de vainas de cardamomo**
3. **3 huevos**

DESPENSA

125 g de harina con levadura, más un poco para espolvorear; 125 g de azúcar caster; la piel bien rallada de 1 limón, más 2 cucharadas de zumo de limón; media cucharadita de levadura en polvo; 75 g de azúcar glas tamizado, más un poco para espolvorear.

Magdalenas francesas de cardamomo

■ Unte con mantequilla derretida un molde para magdalenas y espolvoréelo con harina. Retire el exceso de harina.

■ Machaque las vainas de cardamomo en un mortero con una mano de mortero para sacar las semillas. Retire las cáscaras y machaque las semillas un poco más.

■ Ponga los huevos, el azúcar glas, la piel de limón y las semillas de cardamomo trituradas en un bol resistente al calor. Caliente el bol al baño María. Bata la mezcla con una batidora eléctrica hasta que se espese, quede de color pálido, y deje un rastro al moverla.

■ Tamice la harina y la levadura e incorpórelas cuidadosamente al bol con una cuchara metálica grande. Rocíe con la mantequilla derretida las paredes del bol y mezcle los ingredientes. Con una cuchara, coloque la mezcla en los huecos del molde hasta llenar dos terceras partes de cada uno (conserve el resto de la mezcla para una segunda tanda).

■ Ponga el molde en un horno precalentado a 220 °C durante 10 minutos, hasta que las magdalenas suban. Deje el molde en el horno 5 minutos más, luego sáquelo y colóquelo en una rejilla.

■ Para hacer el glaseado, ponga el zumo de limón y el azúcar glas en un bol y bátalo. Esparza el glaseado por encima de las magdalenas y resérvelas. Haga una segunda tanda con la masa que ha sobrado. Sirva las magdalenas ligeramente espolvoreadas con azúcar glas.

PARA 4 PERSONAS

Calorías por ración: 168 (sin las galletitas)
Tiempo de preparación: 10 min

INGREDIENTES

1. **1 mango grande pelado, sin hueso y troceado**
2. **750 g de yogur natural desnatado**
3. **1-2 cucharadas de sirope de ágave, al gusto**
4. **1 vaina de vainilla, partida por la mitad longitudinalmente**
5. **4 maracuyás partidos por la mitad**

Cremoso de mango y maracuyá

■ Triture el mango en un robot de cocina o batidora hasta hacerlo puré.

■ Vierta el yogur y el sirope de ágave en un bol grande, añada las semillas de la vaina de vainilla y bátalo todo. Con cuidado, incorpore y mezcle el puré de mango y sírvalo con una cuchara en vasos altos o copas de cristal.

■ Saque las semillas del maracuyá con una cuchara y espárzalas sobre el yogur de mango. Sírvalo inmediatamente con galletitas, si lo desea.

CON GROSELLA NEGRA

Haga el puré con 250 g de grosellas negras, tal como hemos explicado, y mézclelo con el yogur y el sirope de ágave, al gusto, y 1 cucharadita de esencia de almendra. Con una cuchara, sírvalo en vasos altos y decórelo con almendras tostadas por encima. Calorías por ración: 143

PARA 16 MERENGUES

Calorías por merengue: 217
Tiempo de preparación: 30 min
Tiempo de cocción: 45-60 min

INGREDIENTES

1. **3 claras de huevo**
2. **50 g de pistachos sin cáscara picados**
3. **150 g de chocolate negro troceado**
4. **150 ml de nata para montar**

DESPENSA

175 g de azúcar caster.

Merengues de pistacho y chocolate

■ En un bol grande, monte las claras de huevo a punto de nieve. Vaya incorporando el azúcar poco a poco, a cucharaditas, hasta tenerlo todo en el bol. Bátalo durante unos minutos más, hasta que la mezcla de merengue quede espesa y brillante.

■ Incorpore los pistachos y luego, con la cantidad de mezcla de una cucharadita llena, vaya haciendo montoncitos en forma de nido sobre una bandeja de horno grande forrada con papel vegetal antiadherente.

■ Cuézalos en un horno precalentado a 110 °C durante 45-60 minutos o hasta que los merengues estén firmes y se despeguen del papel con facilidad. Déjelos enfriar sin retirar el papel.

■ Ponga el chocolate en un bol resistente al calor y derrítalo al baño María. Saque los merengues del papel y moje las bases en el chocolate. Póngalos de nuevo en el papel, de lado, y déjelos en un lugar fresco hasta que el chocolate se solidifique.

■ Para servirlos, monte la nata hasta que mantenga su forma. Ponga una capa de nata entre dos merengues, formando un sándwich. Disponga los pares de merengues en cápsulas de papel, si se desea, sobre una fuente para pasteles. Se recomienda comerlos el mismo día en que se mezcla el merengue con el resto de ingredientes (el merengue sólo durará unos 2-3 días).

PARA 20 PORCIONES

Calorías por ración: 248
Tiempo de preparación: 30 min
Tiempo de cocción: 30-35 min

INGREDIENTES

1. **1 mango grande**
2. **4 cucharadas de mermelada de albaricoque**
3. **2 kiwis cortados en rodajas**
4. **250 g de margarina blanda**
5. **4 huevos**

DESPENSA

La piel rallada y el zumo de 2 limones; 125 g de azúcar caster; 125 g de azúcar mascabado claro; 250 g de harina con levadura.

Pastel volcado de mango y kiwi

■ Corte una rodaja gruesa de cada lado del mango para dejar a la vista el hueso plano del centro. Separe la pulpa del hueso y de la piel y trocéela.

■ Mezcle la mermelada de albaricoque con el zumo de uno de los limones y luego ponga la mezcla, con una cuchara, en la base de un molde de 18 x 28 cm forrado con papel vegetal antiadherente. Disponga encima el mango y el kiwi aleatoriamente.

■ Ponga la piel de limón y el resto del zumo en un bol o robot de cocina, añada el resto de ingredientes y bátalos hasta conseguir una mezcla homogénea. Con una cuchara, espárzala por encima de la fruta y alise la superficie. Cuézalo en un horno precalentado a 180 °C durante 30-35 minutos, hasta que el pastel suba, se dore y recupere su forma si lo toca ligeramente con la punta del dedo.

■ Déjelo enfriar en el molde durante 10 minutos y luego dele la vuelta al molde y colóquelo sobre una rejilla. Retire el molde y el papel y déjelo enfriar completamente. Corte el pastel en veinte porciones y sírvalas calientes. Se recomienda comer el mismo día en que se prepara.

PARA 14 PORCIONES

Calorías por porción: 102
Tiempo de preparación: 10 min más el tiempo para reposar
Tiempo de cocción: 5 min

INGREDIENTES

1. **200 g de malvaviscos cortados por la mitad**
2. **40 g de mantequilla sin sal troceada**
3. **100 g de cereales de arroz inflado**
4. **fideos de azúcar rosa, para decorar**

Dulce de arroz inflado y malvavisco

■ Reserve 50 g de malvaviscos blancos. Ponga 25 g de mantequilla y el resto de malvaviscos en una cacerola y caliéntelos ligeramente, hasta que se derritan. Retírelo del fuego, incorpore los cereales y remueva hasta que queden bien cubiertos.

■ Con una cuchara, pase la mezcla a un molde cuadrado de 18 cm, forrado con papel vegetal y untado con mantequilla, y presiónela hacia abajo con la parte trasera de una cuchara untada con un poco aceite.

■ Ponga el resto de la mantequilla y los malvaviscos que ha reservado en una cacerola pequeña y caliéntela ligeramente, hasta que se derritan. Vierta la mezcla por encima del molde formando líneas y luego esparza los fideos de azúcar por la superficie. Déjelo en un lugar fresco durante 2 horas o hasta que esté firme.

■ Saque la mezcla ya endurecida del molde y dispóngala en una tabla, retire el papel y córtela en trozos pequeños.

PARA 4 PERSONAS

Calorías por ración: 220
Tiempo de preparación: 5 min
Tiempo de cocción: 8-10 min

INGREDIENTES

1. **4 plátanos con piel**
2. **8 cucharadas de yogur griego desnatado**
3. **4 cucharadas de avena o copos de avena**
4. **125 g de arándanos azules**
5. **miel líquida, para servir**

Plátano a la plancha con arándanos

■ Caliente una plancha a fuego medio, ponga los plátanos y cocínelos durante 8-10 minutos, girándolos de vez en cuando, o hasta que la piel empiece a oscurecerse.

■ Disponga los plátanos en platos y, con un cuchillo afilado, haga un corte longitudinal para abrirlos por la mitad. Con una cuchara, ponga encima el yogur y esparza la avena o copos de avena y los arándanos. Sírvalos inmediatamente, rociados con un poco de miel.

UN YOGUR DELICIOSO

Mezcle en un bol el yogur con media cucharadita de jengibre molido. Esparza 2-4 cucharadas de azúcar moreno, al gusto, la avena y 4 cucharadas de pasas sultanas. Déjelo reposar durante 5 minutos antes de servir. Calorías por ración: 208

PARA 10 PORCIONES

Calorías por ración: 373
Tiempo de preparación: 20 min
Tiempo de cocción: 1 h 25 min

INGREDIENTES

1. 250 g de dátiles sin hueso troceados
2. 2 plátanos pequeños muy maduros
3. 150 g de mantequilla ligeramente salada ablandada
4. 2 huevos
5. 100 ml de leche

DESPENSA

La piel rallada y el zumo de 1 limón; 100 ml de agua; 150 g de azúcar caster; 275 g de harina con levadura; 1 cucharadita de levadura en polvo.

Bizcocho de dátiles y plátano

■ Ponga 200 g de dátiles en una sartén pequeña con la piel de limón y 100 ml de agua. Llévelo a ebullición, luego reduzca el fuego y cocínelo a fuego lento durante 5 minutos, hasta que los dátiles estén blandos y carnosos. Aplaste la mezcla con un tenedor hasta que quede homogénea. Déjela enfriar.

■ Haga un puré con los plátanos, aplastándolos en un bol, y luego añada la mantequilla, el azúcar, los huevos, la leche, la harina y la levadura. Bátalo todo hasta que la mezcla quede homogénea.

■ Con una cuchara, ponga una tercera parte de la mezcla en un molde alargado de 1,25 kg o 1,5 l forrado con papel vegetal y untado con mantequilla y alise la superficie. Con una cuchara, disponga encima la mitad del puré de dátiles y espárzalo uniformemente. Añada la otra mitad de la mezcla y esparza por encima el resto del puré. Agregue el resto de la mezcla y alise la superficie.

■ Esparza por encima los dátiles que había reservado y cueza el bizcocho en un horno precalentado a 160 °C durante 1 hora y 20 minutos o hasta que suba y al clavar un pincho en el centro éste salga limpio. Déjelo enfriar en el molde durante 15 minutos, luego despéguelo de las paredes del molde y dispóngalo en una rejilla. Saque el papel vegetal y deje que el bizcocho se enfríe completamente.

PARA 6 PERSONAS

Calorías por ración: 216
Tiempo de preparación: 30 min más el tiempo para congelar
Tiempo de cocción: 2-4 min

INGREDIENTES

1. **425 g de lichis en lata, deshuesados y con su sirope**
2. **400 ml de leche de coco entera en lata**
3. **la piel rallada y el zumo de 1 lima, más alguna tira de piel para decorar (opcional)**
4. **3 kiwis pelados y cortados en rodajas para decorar**

DESPENSA

50 g de azúcar caster.

Sorbete de lichi y coco

■ Escurra el sirope de la lata de lichis y viértalo en una sartén, añada el azúcar y caliéntelo ligeramente, hasta que el azúcar se derrita. Hiérvalo durante 2 minutos, retírelo del fuego y déjelo enfriar.

■ Triture los lichis en un robot de cocina o con una batidora hasta obtener un puré homogéneo. Mézclelo con la leche de coco, la piel de lima y el zumo. Incorpore el sirope de azúcar cuando se haya enfriado.

■ Viértalo todo en un recipiente de plástico hondo y congélelo durante 4 horas o hasta que quede blando. (Como alternativa, puede congelarlo en una máquina eléctrica para hacer helados durante 20 minutos, luego pasarlo a un envase de plástico y congelarlo hasta conseguir la consistencia deseada).

■ Deje que el sorbete se ablande durante 15 minutos a temperatura ambiente antes de servir, luego forme las bolas con una cuchara, sírvalas en platos (o tulipas de chocolate, ver página siguiente) y decórelas con rodajas de kiwi y tiras de piel de lima enroscadas, si lo desea.

EN TULIPAS DE CHOCOLATE

Para servirlo en tulipas de chocolate, derrita al baño María 150 g de chocolate negro, repártalo entre 4 cuadrados de papel vegetal antiadherente y viértalo formando un círculo irregular de unos 15 cm de diámetro. Cubra con cada papel la base de un vaso de cristal del revés, con la capa de chocolate hacia arriba de manera que el papel caiga formando pequeños pliegues. Déjelo enfriar hasta que el chocolate se solidifique, luego retire el chocolate y el papel del vaso, deles la vuelta y despegue el papel. Calorías por tulipa: 195

PARA 6 PERSONAS

Calorías por ración: 327
Tiempo de preparación: 1 min
Tiempo de cocción: 4 min

INGREDIENTES

1 300 g de chocolate negro

2 500 g de queso fresco ligero en crema

3 1 cucharadita de extracto de vainilla

Chocolate caliente a la taza

■ Derrita el chocolate al baño María y retírelo del fuego.

■ Añada el queso fresco en crema y el extracto de vainilla y remuévalo rápidamente.

■ Reparta la mezcla en seis tacitas o vasos y sírvalo inmediatamente.

VERSIÓN CAPUCHINO

Derrita el chocolate negro con 2 cucharadas de café exprés fuerte. Reparta la mezcla en 6 tazas de café, añada a cada una 1 cucharadita de queso fresco en crema y espolvoréelas con cacao en polvo. Calorías por ración: 339

ÍNDICE

CRÉDITOS FOTOGRÁFICOS

Octopus Publishing Group 133; Stephen Conroy 57, 97, 105, 109, 117, 122, 139, 143, 145, 153; Will Heap 7, 81, 89, 95, 111, 163, 167, 173, 187; David Munns 45, 77, 157, 169, 189; Sean Myers 6, 63, 90, 99, 107, 113; Lis Parsons 9, 20, 23, 29, 33, 41, 51, 53, 65, 69, 73, 93, 119, 127, 135, 137, 151, 159, 161, 165; William Reavell 5, 8, 35, 37, 39, 43, 47, 101, 121, 149; Gareth Sambidge 31, 49, 58, 71, 103, 115, 131; William Shaw 25, 27, 55, 67, 75, 79, 83, 85, 87, 125, 129, 154, 171, 175, 177, 179, 181, 183, 185; Ian Wallace 61, 141, 147.